から護《まも》ったのがネコさんだったとか。

ネコさんがいなければ、日本に仏教は根付かなかったかもしれへんのに、当のネコさんは〝偉大な功績〟などどこ吹く風。誰にも媚びず、へつらわず、ひょうひょうと日々を生き抜き、命をつないできました。

いつしか「孤独を愛する生き物」と目されるようになった、ネコさん。

でも、果たして本当にそうでしょうか？

ネコさんは、ほんまに孤独を愛してるんでしょうか？


我が家の弥太郎《やたろう》は、10年前、保護ネコの里親サイトから迎えた子です。できるだけ緊急性の高いネコさんを引き取りたいと、パソコン画面に目を凝らしていた時、突然、直感が降りてきたんです。「この子や!!」って。

まんまる目にまる顔の茶トラ男子は、まだ10ヶ月。あまりにも可愛くていっぺんに気に入った私は、すぐに飼い主さん一家に会いに行きました。

ご夫婦とお子さん[illegible]ご家族で、残念ながら、上の子にネコアレルギーが出てしまったとのこと。

トントン拍子《ひょうし》で引き取りが決まり、最後は一家で記念写真を撮って、わりとアッサリ別れを告げておられ[illegible]「バイバーイ」って。

アッサリいかなかったのは、弥太郎のほうでした。

キャリーバッグに入れられ、住み慣れた家から出る瞬間に発した「ぎゃあああああああああああ」という悲痛な鳴き声は、今でも忘れられません。

つらかったんやろなあ、弥太郎。

ただ、お寺に迎えた弥太郎は、こちらの心配をよそに、わりと早く馴染《なじ》みました。私よりも、妻に(笑)。

ぎゅるんぎゅるん甘えて、お腹を見せて転がりまくり、寝る時も一緒。

元の飼い主さんがひとつだけ付けた「必ず一匹で飼うこと。他のネコに愛情が移ったと思わせないように、多頭飼育はしないでほしい」という条件の意味がよくわかりました。

もんのすごく、寂しがり屋で甘えん坊のネコさんやったんです。

孤独なんて、全然愛しているように見えませんでした。

むしろ、孤独ベタでした。

しかし弥太郎には、自分の「これ、好きや!」を見つける力がありました。

お寺の中で気持ちいい風が吹き抜ける場所を探し当てるのも、めっちゃうまかった。

いつしか、妻や私がそばにおらんくても、のびのび過ごすようになったんです(甘えっぷりは相変わらずですが……)。

孤独ベタな弥太郎は、自分の「好き」「気持ちいい」に素直に従うことで、おひとりさまを楽しめるようになったんやないか——そんなふうに、私には思えるのです。

弥太郎よりも、はるかに厳しい環境で暮らす地域ネコさんたちは、おひとりさまを楽しむ余裕などないかもしれません。毎日、生き延びるのにただただ必死なのかもしれない。

でも、長年続けている見守り活動中に、朝日をたどっていくと、必ずネコさんがいます。

昇ったばかりの太陽の光を浴びて、ぬくぬくと目を細めているのです。とっても気持ちよさそうに。

あの子たちには、仲間はいても、家族はいません。母ネコから追い立てられるように巣立つ生後半年以降は、基本的にずっとひとりです。

だけど、不思議とみじめな感じはしない。

おひさまも、若葉の匂いも、月の光も、そぼ降る雨も、すべてひとりで受け止め、ありのままの自分であることを愛しながら生をまっとうする姿は、むしろなんだか力が抜けて楽しそう。

まさに生まれながらの「おひとりさまの天才」ではないでしょうか。

ひとりで生きると決めた人。

ひとりになってしまった人。

みんなといても、ひとりぼっちの人。

いつか、ひとりになる予感がする人。

これからどうしたらいいんだろう？

そんな、不安で寂しくて眠れない夜。

どうか、心のままにパラパラとページをめくってみてください。

おひとりさまをゴキゲンで生きるヒントが、たくさん詰まっています。

気に入ったら、ネコさんの写真と言葉のページを肉球マークの切り取り線に沿ってカットし、お好みの場所に飾っていただくこともできますよ。

「おひとりさまの天才」のネコさんたちが、そっとあなたを励ましてくれることでしょう。

きっと、きっと大丈夫やで——と。

目次

ネコさんに教わる
ひとりでも「ゴキゲンさん」で生きる61のヒント

「ゴキゲンさん」は
自分にかけられる
最高の保険。
タダできっちり
元取れるで。

今は毎日元気に働いて、ひとりで何でもできている。

だけどこの先、病気になったら。年を取って、自分のことがわからんようになったら。頼れる身内もいないし、貯金、足りるかいな……？

そんな不安を抱えるおひとりさまも、おられるかもしれませんね。

でも、大丈夫！　いろいろあっても、ともかく日々、ニコニコ笑って「ゴキゲンさん」で暮らしていれば、必ず誰かが気にかけて手を差し伸べてくれます。

笑顔は、受け取った人を確実に気持ちよくさせるもの。そもそも、目の前の誰かにニッコリ向き合うこと自体が「和顔施《わがんせ》」というお布施であり、仏壇のお花やお賽銭《さいせん》と同様、「世を明るくする善行」として仏さまを喜ばせるお供えなんです。

しかもこのお布施、お財布が少々寂しくたって、いつでも、どこでもできます。

笑顔がメチャクチャいい人は、仏さまからも、周囲からも放っておかれません。

何かあった時に親身になって助けてもらえる良好な人間関係ほど、心強いものはないでしょう。ゴキゲンさんは、おひとりさまの最高の保険なんです。

私が見守り活動をしている地域ネコさんたちも、やっぱり愛想がいい子のことはどうしても気になります。ちゃんとゴハン食べられてるやろか、とか、最近見ぃひんなあ、どうしてるやろなあ、って。絶対あの子たち、元取ってますね。

直感は
最強の相棒や!!

ここ、危ないな。これ、なーんかイヤやな。あの人、どこか信用できへん――。

そういう直感って、けっこう当たりませんか？

直感は、言ってみれば、〝成功も失敗も全部盛り〟の人生経験を元に弾《はじ》き出された平均値。誰にでも備わっているけれど、残念ながら個人差があります。

要は、いかに素早く「ピン」と来るか。大事な局面をひとりで決断しなくてはならない時、鋭い直感は最強の相棒。磨き上げておくに越したことはありません。

勝手に直感力がアップする奥の手があります。それは、自分を好きになること。自分が好きで、信じられるからこそ、直感に素直に従えるというわけです。嫌いな人の助言なんて、誰だって聞く気になれませんもんね。

自分を好きになる近道は、自分との約束を守ることではないか、と、私は思います。たとえば、「毎週水曜日は必ず靴を磨く」とか、ささやかなことでOK。決めたら必ず続ける。そして、同僚や友達など、周りの人を大切にする。「好きになれる自分」に近づけば近づくほど、不思議と直感力は上がっていきます。

我が家のグータラ猫・弥太郎も、いざという時の直感だけは、とんでもなく鋭いです。地震の直前、ベッドの下に一目散《いちもくさん》に逃げ込むのを何度も目撃しました。

たぶん弥太郎は、私たち家族より自分のほうが大・大・大好きでしょう。

まずひとつ、
捨ててみ?
そのぶん
感度アップ
間違いなし!!

前の項で、普段はグータラな我が家の愛猫・弥太郎が、いざとなったら見事な直感力を発揮するお話をしました——といっても、地震の直前に異変を察知して、自分だけベッドの下にそそくさと逃げ込む薄情ぶりなんですが（笑）。

直感力を下支えしているのは、自分が好きで、信じられる存在だという確信であり、間違いなく弥太郎は自分のことが大好きです。だって、他のネコさんと比べるということがありませんから。

そういう意味では、私が知る地域ネコさんたちも、弥太郎同様、みんな自分が大好きで、直感もハイレベル。後ろに目がついているのかと驚愕《きょうがく》するほどの敏感さで容易に人を近づかせない子も多い。さらに、もうひとつ共通点があります。

それは、ネコさんたちは、「とにかく身軽」ということです。背中に重たい荷物を背負ったネコさんなんて、この世のどこにもいないでしょう？

モノが多いと、迷うんです。選択肢が豊富にあるからこそ、振り回されてしまう。モノに囚《とら》われて、最強の相棒である直感が封じられてしまうんですね。

いきなり、いらないものを全部処分しましょう……とは申しません。まずは無理せず、1個から。ひとつ捨てるたびに直感は戻り、上昇曲線を描くはずです。どんな時も迷わない、心身ともに軽やかな、ネコさんのように。

ネコにとって
ニンゲンは
「おっきいネコ。」

昔、なんかの本で読んだことがあったんです。〝ネコは人間を怖れはしても、特別な生き物だとは思っていない。自分よりおっきいネコだと思ってる〟みたいなことが書いてあったでしょうか。

弥太郎と暮らしてみて、あれは当たってるんやないかと考えるに至りました。私のことを「ご主人さま」なんて尊敬の眼差しで見ているような気がしません。それればかりか、お風呂上がりの濡れた頭をぺろぺろ舐《な》めたりするんですよ。〝アカン、オマエちゃんと拭かな。しゃあない、舐めたろ〟って。

ネコ舌はザラザラやし、お坊さんやから髪が短い私は、めっちゃ痛い（笑）。でも、逃げようとすると、〝アカン！　まだや〟とガッと爪立ててロックオンされる。これ、どうも兄弟ネコにする行為らしいんですよね。自分と同等か、ヘタしたら下。私のことは、出来の悪い弟ぐらいな認識なんでしょう。

人間は、そうもいきません。相手の顔見て、体格見て、持ち物や服装見て、肩書にビビッて、「あの人にはかなわん」「どうせ私なんて」と落ち込んでしまう。でも、その比較の物差しは、人によって見事にバラバラ。意味がないのです。

そんなあやふやなもんに縛られて勝手に苦しんで、オヤツでももらえるんか？でっかいネコなのに、考えることはちっさいわ――って弥太郎に笑われそうです。

ネコにはネコの
人には人の
都合あり。

地域ネコさんの見守り活動をしていると、いろいろなことがあります。

いつもは決して距離を縮めようとしないネコさんが、今日は近づいても逃げない。そおっと頭を撫《な》でると、ゴロゴロとノドを鳴らしてくれる。「こちらの顔を覚えてくれたんかな」と嬉しくなった瞬間、いきなりガブッと噛まれて逃げられてしまう――ショックです。何が何やらわからへん心境になります。

でも、ネコさんにとってはガブリと噛みつく理由がきっとあるんでしょうね。撫で方が雑とか、手にしみついた線香のニオイが気にくわんとか。「こちらの顔を覚えてくれたんかな」なんて、それこそ、こちらの勝手な願望ですから。

相手が人間であっても、同じです。「あの人だけは裏切らへん」は、相手の気持ちや都合を無視した甘い期待に過ぎません。

たとえ期待に添わなかったとしても、相手が「裏切った」わけではない。相手の本性をこちらが見抜けていなかっただけの話なのです。

だから、「信じていた人に裏切られた。もう、終わりや」なんて絶望することはありません。代わりに、本性を見抜く目を鍛えましょう。最もわかりやすく出るのは「行動」です。口ではきれいごとを並べても、脱いだ靴は揃えないとか。

人がボロを出すのは、言ったことより、つい、やってしまうことです。

願いごとのかなえかた、
教えよか？
欲しいものは
「欲しい!!」と
叫びや。

「お金持ちになれますように」「宝くじが当たりますように」

そんなお願いを仏さまにされる方が、私のお寺にも、ようお見えになります。

〝欲深くって罰《ばち》当たりかも〟なんて心配ご無用。仏さまはとっても寛大で優しさ無限大。私たちの幸せのために、惜しげもなく力を貸してくださいますから。

ただ、私が「いくら欲しいんですか？」と尋ねると、たいてい皆さん、言葉に詰まらはるんですね。残念ながら、それでは叶《かな》えられません。

たとえば、「駅から徒歩10分以内で、スーパーやコンビニ、病院が近くて、ひとりで快適に暮らせる1LDKのマンションを買うために、3000万円欲しい」とか、今まさに直面している現実の範囲内で、いくら欲しいのかキッチリハッキリ言ったほうが、仏さまは「おお、そうかそうか」って張り切られるし、手助けしやすいんです。ぜひ覚えておいてください！

目標があいまいな人は、あいまいなままですべてが終わります。でも、自分は何がしたいのか、どうありたいのか、目標が明確な人は、どんなことがあってもゴールに向かって進んでいく。周囲からは「失敗」に映ることも、本人にとっては単なる通過点。気付けばガッチリ「欲しいもの」を掴《つか》み取るものです。

ウチの弥太郎もお腹が空くと、全力で〝ゴハンくれアピール〟しますよ。

「なりたい自分」に
なりたいやろ？
それなら
めっちゃカンタン。
まわりと比べん
ことやで。

地域ネコさんの見守り活動をしていると、「ああ、ケンカで負けたんやろな」っていう子に出くわすことも珍しくありません。

顔にはミミズのような引っかき傷、片足を引きずって、見た目はかなり痛々しい。でも、「くっそー、なんでオレはアイツみたいに強くないんや」などと落ち込んでいる様子はみじんもなくて、どこかひょうひょうとしている。「負けた？　それがどうした」みたいな涼しい顔で。

ウチの弥太郎もそうですが、ネコさんは他の誰かと比べることをしません。周りの「アイツ」がどうだろうが、今の自分がすべて。だから、どんな過酷な状況に生きていても自分が大好きだし、常に「なりたい自分」なんです。

他の誰かと比べると、なぜ「なりたい自分」になれないのか？　答えは簡単、「誰かと比べること自体、本心にフタをして相手に合わせる行為」だから。

「たまにはフリフリの可愛いブラウスに挑戦したいけど、若い子には負けるやろし、みんなに『みっともない』って笑われるんちゃうか……」なんて心配しなくてよし！　「若い子が」「みんなが」をいったん脇に置いて、ほんまに自分が今、何をしたいかだけに心を集中するほうが、ずっとなりたい自分になれます。

誰に遠慮なく「なりたい自分」になったあなたは、きっと輝いているはずです。

死なへん、
死なへん、
片付けせんでも。
また明日。

ネコさんのように、モノが少ないほうが直感は冴えます。だけど、片付けられへんのがしんどかったり、不安でたまらないのなら、そのままでも大丈夫。「散らかり放題で人も呼べへん」って悩んでる方は、もともと几帳面《きちょうめん》なんです。でも、年を重ねて体が思うように動かなくなったりして、次第にモノが置きっぱなしになる。ウツウツする。なのに、たまに実家に帰ってくる子供たちが見かねて掃除を始めると、思わず「それ、ゴミとちゃう！　勝手に捨てんといて」と叫んで大ゲンカ。って、まさしく母と私のことではないですか（笑）。

実はこの「片付け問題」、解決は案外簡単です。不用品処分の業者さんに頼めば、一軒家で数十万円、３時間ほどでキレイさっぱり完了。だから、ご相談に来られた方に「片付けせんでもニンゲン死なへんし、○万円ぐらい用意しといて、あとは業者さんに全部お願いしたらよろしいやん」とお伝えすると、「よかったー、そう言ってもろて」って、めっちゃ笑顔にならはります。

しんどいのは、家が散らかって前のように友達が呼べないから？　子供たちに怒られるのが不安だから？　業者さんに頼んだらいくらかかるか不安だから？

何が不安なのかがわかれば、心のモヤモヤも晴れます。「そっかー。３時間で片付くんやったら、もうええかー。寝ちゃお」となれば、しめたものです。

やりたいことも
やりたくないことも
自分が決めたんなら
すべて正解。

本音を申せば、お寺に5回相談しに来はるより、1回、お家の掃除するほうが、絶対に気持ちが整います。

だけど、「もう、片付けはしんどくてイヤや。あとはプロに頼んで、残りの人生は好きに生きよう」と決めたんなら、その判断は、誰が何と言おうと正しい。長年ため込んだゴミにひとりで立ち向かって貴重な時間を削られるぐらいなら、外でお友達と会っておしゃべりしたり、笑っていたほうがずーっと有意義——ということもあるでしょう。お家のお掃除は無理でも、私や仏さまの前でグチることで、心のお掃除を定期的にされるんも、それはそれで建設的やと思います。

大事なのは、今、この時を「あなたが」ゴキゲンさんで過ごせるか。

おひとりさまのボスは、おひとりさまです。

誰かと暮らしているとガマンしなくてはならないことも、おひとりさまなら「やりたくないから、やらない」とキッチリ決められる。正解は、他人や世間ではなく、ご自身が握っているんです。

そう言えば、やりたくないことをイヤイヤやってるネコさんって、いませんよね。せっかく買ったキャットハウスも、気に入らなければ見向きもせず、ボロッボロの段ボール箱でまったりお昼寝してたり……（笑）。

手放されへんときって
あるなあ。
すぐにスパッと
切らんくても
ええんちゃう？

スッキリ片付いた部屋のほうがいいのは、苦しいほどわかってる。こんな、モノで溢《あふ》れかえった部屋を誰かに見られたら「ゴミ屋敷やん」って笑われるかもしれへん。でも、ずーっと一緒やったぬいぐるみとか、捨てられへん……。

私は、今はそれでいいと思います。あなたにとって「ゴミではない」ものは、誰が何と言おうとゴミではありません。すぐに〝片付いた、ちゃんとした自分〟にならなくてもいいんじゃないでしょうか。

2024年、元日。お祝いムードを一瞬で打ち破った能登半島地震を、私たちは決して忘れることはないでしょう。数え切れない家屋が倒壊・焼失。多くの尊《とうと》い命が失われ、被災したペットの中には、ネコさんたちもたくさんいました。

お重に詰められた、色とりどりのおせち料理。新春の祝い花。家族のアルバム——ついこの間まで確かに存在した愛しい生活のすべてが、がれきとなってしまった。あまりの理不尽に、胸が張り裂けそうです。

あなたを囲むモノたちは、これまで災害にも遭わず、平穏に暮らしてこられた証《あかし》です。いつかお別れする日まで手放さないというのも、立派な選択です。

被災地の一日も早い復興と、被災者の方の心の復興を、切に願っております。

「ちゃんとせなアカン」
と思ってるだけで
じゅうぶん
「ちゃんとした人」。

「親もめっきり年老いたし、優しくしたいとは思うんですけど、顔を合わせばケンカばかりで」「ひとりやから、万が一の時には誰にも迷惑かけられへん。今から手を打とうにも、何から始めてええんやら、見当もつかへんのです」

日々、皆さんからいただくご相談は、どれも切実です。

だけど、ご自分なりの目標――たとえば、〝年を取ってガンコになった親に優しく接している自分〟であったり、〝誰にも迷惑をかけずに、美しく旅立つ自分〟の姿が思い描けている人は、それだけでちゃんとしている人。

現状、具体的な解決の道筋は見えずとも、理想や目標に向かって進もうとする力は十二分にお持ちです。その力を、まずはどっしりと信じてみてください。遅かれ早かれ、同じ状況が永遠に続くということはありえませんから。

本当にアカン人は、どーでもいいことを、ちゃんとしようとします。

たとえば、「借金で首が回らんくて」と訴える人に、「今、ちゃんとせなアカンことは、何やと思いますか」と尋ねると、ちょっと考えて「……パーマ、ですかね？」と、想定外すぎる言葉が返ってきたり（笑）。

そもそも、ひとりでちゃんと生活できているあなたは、間違いなく「ちゃんと」していています。自分への責任を立派に果たされている。胸を張っていいんです！

「ひとりでいること」の
何がこわいか、
三つ言ってごらん。
こわいものの正体見えて
すこしラクに
なるで。

おひとりさまは、責任感が強い方が多いです。

病気で入院した時に備え、相棒のネコさんの預け先を事前リサーチ。おひとりさまの友人同士、1日1回は生存確認のLINEを送り合い、万が一の連絡網も共有。認知症になったら入る施設や、遺品整理の業者とも契約済み。

そこまでやっているのに、不安で眠れないと訴える方もけっこうおられます。

「やっぱりひとりやし、まだ、何かやり忘れてる気がして」と。


不安の正体は、「わからない」こと。わからないから、怖いんです。

いったい自分は、ひとりでいることの何が怖いのか。

大好きな人たちや愛するネコさんとお別れして、ひとりで旅立つこと？

年を取って、自分が誰だかわからなくなること？

誰かが私の〝後片付け〟でイヤな思いをすること？

まずは今、怖いことを３つ、具体的に書き出してみましょう。すると、「ああ、そういうことか」と不安の正体がうっすら摑めて、ちょっと楽になります。

『幽霊の正体見たり枯れ尾花《おばな》』――この世で本当に怖いのは、枯れススキを幽霊だと思い込み、楽しめるはずの時間を不安で台無しにすることかもしれません。

ひとりで
できることと
ひとりじゃ
できへんことの
「仕分け」、大事やで。

前項で触れた有名なことわざ、『幽霊の正体見たり枯れ尾花』。風に揺れる貧相なススキなのに「出た〜っ、幽霊や〜!!」とビビッてしまうのは、いったいどんな状況でしょうか? そう、暗くて視界が悪い時ですよね。スマホのライトで照らせば、一発で「なあんだススキか」と安心できるはず。

ひとりでいることの何が怖いのか、具体的に書き出してみるのは、幽霊「だと思い込んでいるもの」をライトで照らすのと同じです。不安の正体が浮かび上がったら、「それはひとりで解決できるのか・できないのか」仕分けてみましょう。

たとえば、「誰かに〝後片付け〟してもらうことになったら迷惑かけるやろなあ」とヤキモキしたところで、自分がこの世からいなくなってからではどうにもできません。ただ、せめて費用面では負担をかけないよう、信頼できる筋に、心付け込みのお金を託しておくことはできる。実際これは、「ああ、最後まで出来たお人やったなあ」と周りに称賛される条件やったりします。

ひとりで解決できることはすぐに動けばいいし、できへんことは腹をくくって人に任せる。言わば「自分への指示書」をしっかり組み立てておけば、怖いものはかなり減らせるのではないでしょうか。スッキリ片付いた明るい場所に、幽霊は出ません。そんなに不安がらなくてもいいんですよ!

それホンマに
「自分のせい」
なんか？
そんなに追い
込まんと
爪でも磨いとき。

せっかく用意した爪とぎグッズを完全無視してソファをガリガリ、畳をバリバリ。家具や床が傷だらけになろうが、ネコさんは〝責任ってニャンでしょう?〟と、どこ吹く風――さすがに人間界では、ここまで自由にやると生きていけませんが、なかには「そこまで責任感じる必要あるんかいな?」と思う人もいます。

今日の○○さんはなんか不機嫌だった気がする。話しかけても素《そ》っ気《け》なかったし……それって、私のせい?……ではありません! たいていは、周囲の気持ちを波立たせてしまうほど感情を制御できない、相手の至らなさが原因です。

むしろ心配なのは、自分を責めるのが長年のクセになっているケースでしょう。子供の頃から母親や教師らに否定され続けると、いつしか「私のせい」と思い込むほうが楽になってしまう。それで万事収まるなら、と。残念ながら、一度ついたクセはなかなか直りません。

ならば、いったん別の場所に逃げましょう。たとえば、自責モードに突入しそうになったら、ネコさんの自由さを見習って爪を磨いてみる。ピカピカになる頃には、「私のせいかも」なんてドロッとした気持ちからは離れられているはず。

自分を見つめすぎてしまうおひとりさまこそ、そんな素敵な逃げ場が必要です。それも、複数。つらい気持ちが分散できて、早く快復できますから。

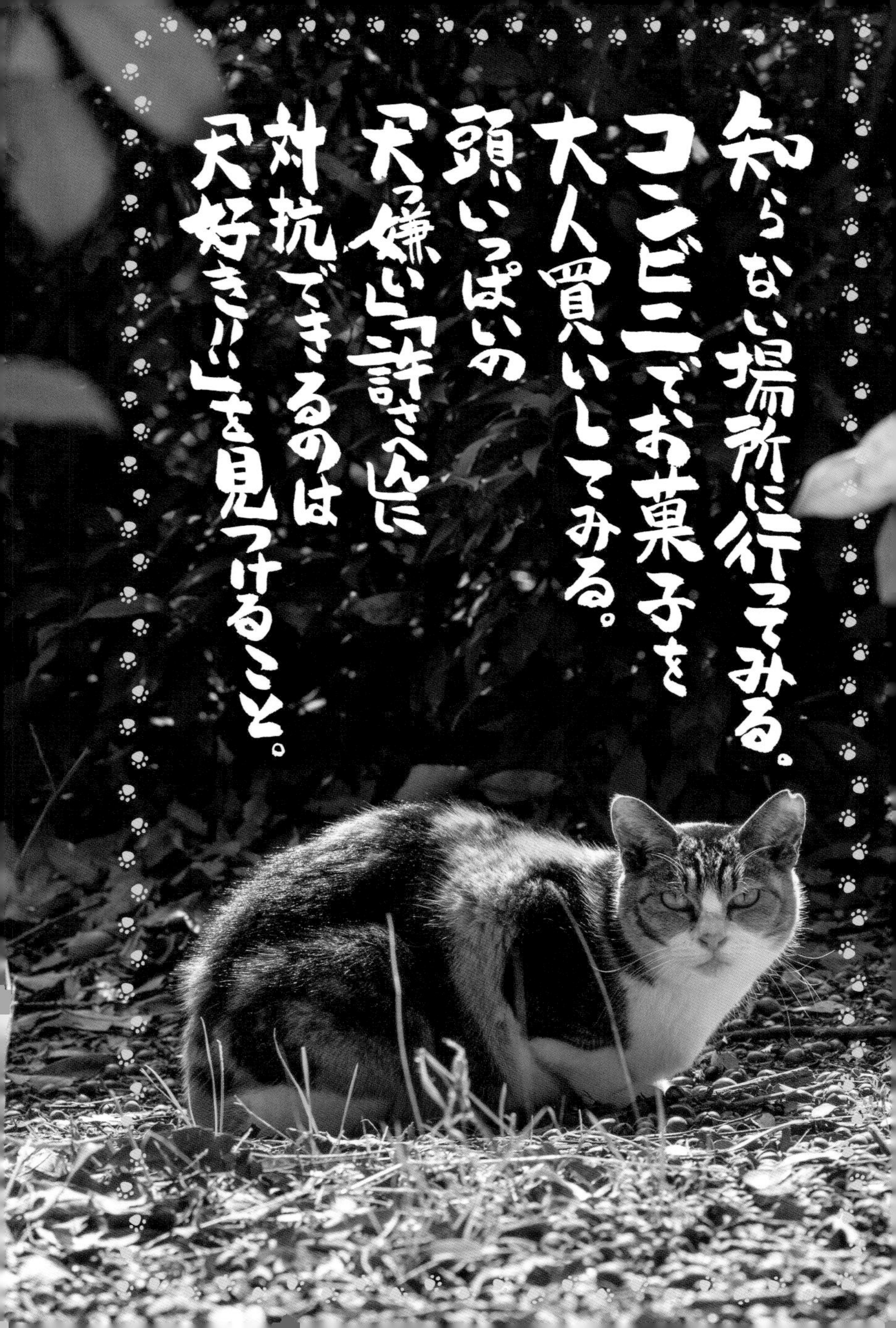
知らない場所に行ってみる。
コンビニでお菓子を
大人買いしてみる。
頭いっぱいの
「大っ嫌い」「許さへん」に
対抗できるのは
「大好き!!」を見つけること。

依存は、断ち切らなければならない——本当にそうでしょうか？

確かに、過度なお酒やドラッグなど、心身に影響を及ぼすものは問題かもしれません。「あの子とは絶対、口きかないでね」なんていうのも勘弁してほしい。

しかし、人間誰しも生きている限り、依存は断ち切れません。

依存の正体は「欲」、すなわち生きる力。車にたとえるとアクセルです。

もちろん、「ここまでやったら人としてダメ」な、戒《いまし》めのブレーキは欠かせませんが、アクセルを踏まないと前進しない。人生には欠かせないものなのです。

さらにもうひとつ、依存は「やり切れない思いを分散させる装置」でもある。

一生許せないレベルのことがあった時ほど、意識してそこに身を置かず、どうしようもなく好きなものが溢れている場所に駆け込んでみましょう。

甘いものに目がなければ、デパ地下で高級スイーツを奮発《ふんぱつ》してみる。旅にハマっているのなら、知らない駅で下車して探検してみる。人に頼るタイプなら、10人のローテーションを組んで順番に相談してみる……などなど。

しんどい気持ちから一時的にでも離れられるばかりか、好奇心まで満たされて、幸福ホルモン・ドーパミンがドバーッと出ること、間違いなしでしょう。

私の依存先の筆頭は、目下のところコンビニの「限定」シュークリームです。

めっちゃ遊んで
ええもん
食べる。
楽になるで。

しんどい時のためにいくつか依存先を用意して、いつでも逃げ込めるようにしておく。立派な危機管理であり、生存戦略だと思います。でも、根の深いものは、それだけでは太刀打《たちう》ちできません。一時的には楽になっても、必ずぶり返します。辞職へと追い込んだパワハラ上司。子供の人生を否定し続ける過干渉な毒母。その母が倒れた時に、介護のすべてを押しつけた無責任な兄、姉。助けもしないくせに責めるばかりの身勝手な親戚。みんな、みんな許せへん。一生許さへん。

——そう切々《せつせつ》と訴えるご相談者さんも、たくさんおられます。

確かに、許せない相手が少ないほうが幸せに生きられるでしょう。しかし、だからと言って無理することはない。もっとしんどくなりますから。

仲直りは、相手が死んでからで十分。仏壇にゴハンでも備えてやったらええんです。「それやったらできそうやし、許せるでしょ?」と聞くと、相談者さんは「そうします!」ってカラカラ笑ってくれはります。とってもいい笑顔で。

一生レベルで許せない相手がいる人ほど、毎日、ご自分に「生き物としての幸せ」をうんと補給したってください。めっちゃ遊んで、ええもん食べて、生きる力を取り戻しましょう。そちらのほうが〝いい人〟でいるより、はるかに大事。後悔はあなたではなく、相手にさせればいいんです。

逃げて
隠れて
見える世界も
ある。

地域ネコさんの見守り活動中、「おおーっ！　こんなところにおったんか」と感動するぐらい上手に隠れている子を発見することもあります。

車庫の隅《すみ》っこの、そのまた隅のバケツの陰とかから、じーっとこちらをうかがっていたりする——と、次の瞬間、猛スピードで逃走!!　せっかく安住の地を見つけたのに、悪いことしてもうたな、と反省しきりです。

こりゃアカン、もう無理やと思ったら、ネコさんみたいに逃げてください。隠れてください。「逃げたらアカン」と叱るのは、今、逃げる必要に迫られていない人。たとえ激励であってもスルーして構いません。逃げずに踏ん張ってもっとしんどくなるより、ずっといいです。

私は、この世に「逃げへんかった人生」なんてないと思っています。

どんなにタフな人も、どこかで逃げたり、隠れたりした経験は必ずある。ただそれを忘れてしまっているだけ。人間が最もしんどくなるのは、物の見方がひとつしかなくなった時です。逃げて、隠れたからこそ見える新たな景色に救われて、人は生き延びられるものではないでしょうか。

逃げて隠れるのは環境を変えるのと同じこと。イルカは木には登れないけれど、広い海なら生き生きと輝けます。それは、可能性に満ちた選択でもあるのです。

「立ち止まる」のは
作戦タイム。
生きるための
重要テクニック
やで。

大寝坊をやらかし、このままでは遅刻確定。急いで支度《したく》して駅まで全力疾走するも、こんな時に限って交差点の横断歩道の信号は、赤。足止めを食らい、もうアカンと観念した瞬間、ふと横を見ると、並びのコンビニ前に1台のタクシーが!! 急いで飛び乗り、無事滑り込みセーフ——こういうことって、ありますよね。

走っている時は、前しか目に入りません。集中すればするほど、視界が狭《せば》まります。でも、いったん立ち止まると、360度は難しくとも、横までは捉《とら》えられる。この例のように、コンビニ前の空車に気付けたりするんですね。

サッカーの試合でも、ハーフタイムを挟んで流れがガラッと変わるのは珍しくありません。休憩で体力回復を図れるだけでなく、あえて「止まる」ことで、よけいな思い込みをクリーンにできるからでしょう。

立ち止まることそのものが、ひとつの作戦です。物事がなかなかうまく運ばなくても、焦らなくてOK。立ち止まったり、違う方向に逃げたりするのを恐れないでください。むしろ、「進むために、いったん止まる。方向転換する」のです。

ぜひ、1日20分の作戦タイムを取ってみましょう。難しいことはひとつもありません。スマホやテレビから離れて情報を遮断し、なーんもしない時間を毎日20分つくってみる。すると、「ない」と思っていた突破口が見出せたりしますよ。

そんなに先が
不安やったら
まずは今日の
おやつ考えたら？
心のすきま
ちょっと埋まるで。

幼い頃の私は、不安症でした。父を早く亡くしたせいも、あったんかもしれません。ビシビシしつける母が怖くてたまらへんのに、ひと時も離れられない。そんな子供でした。今でも、いろいろ考えて眠れなくなることがあります。

諸悪の根源は、睡眠不足。私の場合、8時間は取らないとイライラします。寝付けない時は、アイマスクやら、眠りに誘う音楽やら、睡眠サプリメントやらを総動員。お金をかけてでも眠る努力をしています。

我が家の弥太郎には、「ただ寝るのにそんなに大騒ぎして、ニンゲンやるんも大変やなあ」と笑われそうですが、大事なのは睡眠時間の確保だけではありません。不安を覚えたら、たとえ何の解決も見えなくても、いったん強制終了するほうが、生きる力を取り戻せます。

特にひとりだと、自問自答の挙句、不安が雪だるま式にふくらみがち。10個のネガティブに責められたら、1個のポジティブを胸に浮かべてみましょう。「老後のお金、足りなくなるかもしれへん……けど今は、今日のオヤツに集中しよ。そうだ、駅前の鯛《たい》焼《や》き、全フレーバー制覇してみよか」とか、すごくいいと思います。

不安に効く魔法の言葉をひとつ、お教えしましょう。

「明日の私が苦労したらいい。今日の私は、ここまでで終了!!」

サボってるんやないで。
ひとりで戦う
「体力温存」やで。

ここ数年の夏の激暑は、地球規模で異常なレベル。大阪でも40℃に迫る猛暑日など、もはや特別でもなくなりつつあります。

過酷な熱波のもと、地域ネコさんたちは、今日もどうにか生き延びてくれているだろうか。夏毛であっても、毛皮にくるまれているし……しかし、こちらの心配をよそに、ネコさんはタフそのもの。昼は少しでもヒンヤリしたタイルの上や木陰で、でろーんと溶けている。そして、多少涼しくなった夕方から夜にかけて、ようやく動き出すのです。食べるために。生きるために。

ネコさんたちにとって、日陰ででろーんと溶けるのは、サボりではなく大事な戦術。いざという時の体力を温存しておかないと、せっかくの武器である鋭い爪も、電光石火の猫パンチも、宝の持ち腐れになってしまいますから。

実は、「サボる」の語源となったフランス語「サボタージュ」は、単に「ズルして怠ける」だけの意味ではないんだとか。もともとは、労働者がわざと仕事を雑に、テキトーにやって経営者を困らせ、賃金アップを勝ち取る戦い方を指すそうです。「生き残るための戦術」という点で、ネコさんと重なりますね。

人間も、ひとりで戦う人ほど休養が必要です。スケジュールはお休みから決めて、あなただけの〝武器〟を使いこなすための体力をバッチリ充電しましょう！

受け流すのも
立派な戦術。
名付けて
スルー作戦!!

喜怒哀楽が激しくて周囲に気を遣わせる、自称「繊細さん」の知人。「あんた、太ったんとちゃう？」とズケズケ言うデリカシー皆無の同僚。見ればわかるだろうに、「お客さま、おひとりさまですかぁ？」と大声で聞くファミレスの店員。

そんなん、いちいち腹立ててたらやってられへん、と思う。自分でも、「そこまで怒ること？」と思う。だけど、なーんかイラつく——無理もありません。人それぞれ、癇《かん》にさわるポイントは違いますから。

でも、やっぱり、イライラが多い人ほど、幸せになりにくいのは確か。

どんなに呼びかけてもスルーするネコさんを見習って、右から左、さらには視界の外へと受け流す戦術がベストです。それで相手が寄ってこなくなったら、かえって好都合。誰にも邪魔されず、存分におひとりさま時間を楽しめますよ。

なかなか受け流すことができないのは、受け流した後の「ごほうび」が足りていない証拠。大好きなケーキを食べるとか、サウナと水風呂で心身を整えるとか、ごほうびをいくつか用意すると、受け流すのもそれほど苦にはならず、「このグチ聞き終わったら、あそこの店に行こう」とワクワクできるはずです。

まあ、上手に受け流せずにメッチャ腹立ててはる人も、個人的には「正直でえやん」って思いますけどね（笑）。

仕事、お金、
誰かへの
モヤモヤ…。
ひとりで
頑張って
えらいこっちゃなあ。
きっちりニンゲン
やらされてるだけで
ネコから見たら
じゅうぶん
すごいで。

――ニンゲンに転生したいかって？　じょーだんやろ？　ネコが一番ええ。

確かに、フッカフカのお布団や、美味《おい》しいゴハンに毎日ありつけるし、屋根があるところで暮らせば雨にも濡れへん。カラスに寝首をかかれることもない。

でも、ニンゲンやらされるんも、きっついわ。

だって、ほんまに自分のためだけに生きるのは、難しそうやんか？

ネコが自分以外のために生きるのは、子育ての時だけや。それかて母ネコだけ。オスに至っては子孫残して、ハイさよなら。あとは勝手に生きなはれ、でＯＫ。

ニンゲンは他者と切り離された人生なんてありえへん。親兄弟、友達、親戚、会社の人……ややこしい間柄にこんがらかって、モヤモヤして。それに、生きるためにはお金がいるから、時には理不尽にもガマンせなアカンのやろ？

なのにみんな、ひとりでよう頑張ってはる。ちょっとずつでも、毎日ちゃんと進んでる。これって相当すごいで。真面目にニンゲンやってるだけで尊敬するわ。


――以上、ネコさんの気持ちになってみました。

ニンゲンやるのはしんどい。だからこそ、おもろい。私は次もニンゲン、それもお坊さんになって、皆さんのこんがらかった糸をほどくお手伝いがしたいです。

おひとりさまの
特権は
「お金で
買われへん」
時間。

タイムパフォーマンス、略して「タイパ」という言葉が登場して久しい昨今。たとえば動画を倍速で視聴すれば、短時間で多くの情報を手に入れられてお得——といったところでしょうか。ネコさんからしたら、「そんなん、どこがおもろいねん。ニンゲン、意味不明やん」かもしれませんね。

試しにスマホで「時間を増やす方法」と検索すると、山のようにヒットします。でも、中身は「やることリストを作ろう」とか「会議を減らそう」とか、わりと当たり前のことばかり。

結論。時間は増やせません。ネコさんも、大富豪も、そうでない人も、生まれた瞬間から持ち時間はどんどん減っていく。決してお金では買えません。巻き戻しもできない。家族がいれば、貴重な持ち時間を真っ先に捧げなくてはならない時もあります。それはそれで崇高《すうこう》なおこないですが、家族だから愛している、とも限らない。心身ともにしんどいこともけっこうあります。

自分のしたいことを優先できる時間がタップリあるのは、この世で最大の贅沢《ぜいたく》。おひとりさまは、この特権を握っています。いつか天に旅立つ日、残された人が後片付けに困らない程度の「そこそこの」お金を確保したら、あとはどう生きようが、あなたの人生。豊かな時間は、あなたを眩《まぶ》しく輝かせてくれるでしょう。

「ひとり」を
楽しめる
タイプって
意外とモテ
るで。

『源氏物語』のモテ男・光源氏は、「手まめ、口まめ、足まめ」の達人です。
「手まめ」はラブレター。口まめは惜しみない愛の言葉。足まめは、狙った女性のもとにせっせと通うこと。ただでさえイケメンの貴公子に、この３つのまめをお見舞いされてグラつかない女性は、現代でも珍しいでしょう。まあ、作者の紫式部《むらさきしきぶ》は、そんな浮かれた主人公に手痛いしっぺ返しを用意するんですが……。

それはともかく、常にＬＩＮＥを気にするとか、常に「愛してるで〜♡」と囁《ささや》き続けるとか、常に相手の都合に合わせるとか、本気で「３まめ」をやるのも疲れそう。私はネコさんみたいに媚びずに、ひとりで好きなように楽しめればいいや――と思った方。おめでとうございます！　モテ要素１００％です!!

誰にも媚びず、お気に入りの場所で好きなことに熱中している人は、文句なしにキラッキラしてます。悪口や嫌味《いやみ》、運気を下げる不満だらけの場とは無縁だし、「好き！　楽しい!!」から発動されるパワーで勝手に輝いてしまって、かえって注目されます。ただし、「楽しんでるフリ」はＮＧ。「誰か話しかけてくれへんかな〜」とソワソワしているのを見透かされてしまうことでしょう。

編み物でもスノボでもぬり絵でも、何でもＯＫ。好きなことを、好きなだけやれる場所を確保しているおひとりさまは、間違いなく裏人気No.１です。

「自分、まわりから
浮いてるなぁ」
って感じたら
そのまま
浮いときいな。
誰かが気になって
つかまえてくれるで。

みんなに好かれたい。なのに、なんだか周囲から浮き上がってる気がする。たぶん、どこかダメなところがあるんやろな。もっと頑張らな。ちゃんと悪いとこ、直さな。でも、いろいろ努力しても、誰も認めてくれる気配がなくて、いつしか、「スミマセン」が口癖に――昔の私は、そんな感じでした。

ある時、気付いたんです。作り込んだ自分を懸命にアピールしても、疲れる一方や。そんなことまでしてしんどくなるぐらいなら、「あの人、変わってんなー、浮いてんなー」と笑われようが、自分の心を軽くするほうを優先せなアカンって。

めっちゃ楽になりましたよ。「浮く」のは、心が軽いからなんですね。重たいまんまは、苦しいです。飾ることなく素のままに生きられるんやったら、周囲に好かれんでも納得できる。これでええやんって。

いつしか、口癖だった「スミマセン」が「ありがとう」に変わり、周囲の目も変わってきました。「おお、今日も元気に浮いとるな」みたいに、反応が温かくなったんですよね。

夜空の月も星も、浮いているからこそ光る。光はパワー、その人だけのかけがえのない強さであり、輝きです。どうかそのまま、今のまんまで浮いといてください。きっと誰かが、あなたの輝きをおもしろがってくれる。私が保証します。

「感謝の達人」は
幸せ100％やで。

僧侶としてご高齢者の施設に伺うと、入居者のほとんどは、お連れ合いを亡くされたり、独身を貫いてこられたりしたおひとりさまです。ただ、気持ちよく介護される方と、残念ながらそうでない方にくっきり分かれるんですよね。

介護の度合いよりも影響を与えること——それはケアされる側が「ありがとう」を言えるかどうか。ああ、家族やスタッフからあまり心を込めて接してもらわれへんやろなあ……と伝わるタイプは、例外なく感謝の言葉がありません。やってもらって当たり前だとばかりに、不平不満を並べ立てて怒ってばかり。現役時代は〝エラい人〟だった男性に特に多い気がします。

一方、すんなり気持ちよさそうに介護されているのは、いつもニコニコしながら「ありがとう、ありがとう」と繰り返すタイプ。施設の職員さんやご家族に愛され、常に気にかけられているせいか、異変が起こっても、すぐに駆けつけてもらえる。幸せ100%の笑顔は、まさに感謝の家元、達人クラスです。

「当たり前」は、あって当たり前。そこに、これ以上の上積みはありません。でも「ありがとう」は、「ない」はずのところに素晴らしいものが「ある」、すなわち「有り難し」の状態。繰り返すほどに積み上がっていきます。

私は、幸せは「なる」ものではなく、積み上げていくものやと信じています。

「ごめん」上手は
孤独知らず。

何も知らない新参者のネコさんが、うっかりボスネコの縄張りに足を踏み入れたら大変です。「ウー……ッ」とドスのきいた威嚇《いかく》をされるやいなや組み伏せられて、噛みつかれるわ引っかかれるわ。ボコボコにやられた新参ネコさんは、頭、耳、手足、尻尾《しっぽ》をできるだけ丸めてころんと縮み上がり、「ごめんなさい。参りました」のポーズを取ることでようやく許されます。

以降、新参ネコさんが縄張りに入るケースはあまりないのですが、なかにはボスネコに気に入られて、そのままウロついていても追い出されない例も。ごめん上手は身を助ける——かどうかはボスネコに聞いてみないとわかりませんが、やっぱり、スマートに「ごめんやで」が言える人はうらやましいです。私はあまりうまくありません。素直になれへんくて反省することも、けっこうあります。

人間関係で失敗するのは、たいてい「慢心」と「思い込み」。

この世には、人の数だけ正義があります。自分だけが正しいと思っていると、また別の正義が現れて、揉める。なんでわかってもらえないんだろうと、ますます孤独を深める。角を立てずに頭を下げたほうが、ひとりぼっちにはなりません。

「私は信じた道を行く」と決めて孤高に生きるのか。それとも、「ごめんやで」と頭を低くしつつ、いろいろな人に慕われて生きるのか。選ぶのは、あなたです。

「素直な人」に
ひとりぼっちなし。

他のネコさんを遊びに誘ったり、「甘えさせてーな」のサインだったり。モフモフのお腹を見せて、コロンコロン転がっているネコさんは、ちょっとあざといほど可愛いですよね。

実はネコさんにとって、お腹は最大の急所。命に関わるほど弱い場所なんです。本来ならば、無防備に晒せないはずのポイントを惜し気もなくおっぴろげ、ただただ、自分の「遊びたい！」「甘えた〜い」の要求のままにアピールする。もう、これだけで身悶《みもだ》えするほどチャーミング！　気付いた時には、すっかりネコさんの術中にハマッていることでしょう。


むしろ、弱点にこそ、本来の魅力が詰まっているのかもしれません。

ネコさんのように、自分の弱く情けないところを隠さず、素直に生きる魂《たましい》の無邪気さ、純粋さに、人は心を動かされるものではないでしょうか。

ひとりで強く生きるためにも、ナメられたらアカンと頑張っているあなた。

どうか、頑張りすぎないでください。少々失敗したって、「ああ、やってもうた」って明るく笑い飛ばせばいい。素直で自由なあなたを、必ず誰かが見ていてくれます。あの人、なんか可愛いなあ、気になるなあ――って。

誰かに「よしよし」。
包容力ある
おひとりさまには
予約が殺到!!

若い頃は、「スナック」の存在自体が不思議でした。
ラメのスーツ姿のママは迫力タップリ。しょっぱいお通しに薄い水割り、響きわたる常連客のド演歌。もともと下戸《げこ》なこともあって、なぜオジさんと呼ばれる方々が毎晩足しげく通うのか、ほんまに謎でした。どこが楽しいんや？ って。オジさんになった私より、お詫び申し上げます。何にもわかってませんでした。スナックの魅力は、ズバリ、ママの懐《ふところ》の深さ——包容力です。

30代の前半までは、「なーんも知らないんですぅ」みたいな年下の可愛い子がよかった。ちょっとでも自分が優位に立ちたい未熟さの裏返しやったんでしょう。

今はもう、そういう若い子に合わせるのは、めっちゃ疲れます。いろんな経験積んではる40代以上の落ち着いた女性のほうが、圧倒的に癒やされますね。

こちらの話をよう聞いてくれるし、意見を押しつけることなく、ひたすら肯定し、包み込んでくれる。「よしよし」してくれる。少なくとも男子校時代の同級生の何人かは、ママに話を聞いてもらいに、せっせとスナック通ってます。私は寺務《じむ》に追われてなかなか難しいですが、その気持ち、よーくわかる……。

包容力のある人は、それだけで、間違いなく誰かのプライスレスな存在になれます。しんどいことがあると、私は妻に「よしよし」してもらっています。

ペラペラな
人脈よりも
モノを言うのは
分厚い
知り合いやねん。

よくいますよね。有名人の名前を挙げて、「○○さん？　あー、知っとるでー」とか「××はオレが育てた」とか自慢する方。私は、ほぼ嘘つきやと思ってます。真に大切な関係ならば、お相手のプライバシーもあるし、おいそれと「知ってる」なんて口に出せないはず。たった1回、名刺交換しただけのペラッペラな人脈なんて、何かあっても絶対に助けに来てくれません。

いざという時に力になってくれる「分厚い間柄」は、多くて3、4人でしょう。それも、悩みやトラブルを相談した際の反応で、キッチリ見極められます。基本、相談ごとは面倒くさいもの。だから、どうでもいい関係の人には「ああ、それでエエんちゃいます～？」とか、適当に返して逃げてしまう。

分厚い間柄の人は、逃げません。相手の立場で考え、「ほんまに、それでええんか？」「今からそっち行こか？」と本気で心配し、実際すぐに駆けつけてくれたりする。決して、あなたをひとりにしません。

逆の立場なら、迷わず自分もそうするのならば、本物です。お互い自立し、助け合える双方向の関係は、信頼を重ねることでしか築けないもの。「私が幸せになるために、あなた、ここにいてよ」といった単なる甘えとは次元が違う。

分厚くなるには時間がかかるけれど、手に入れられたら一生モノのお宝です。

「顔見知り」の
パワーは
あなどれんよな。

残念ながら「分厚い知り合い」に恵まれていない方。また、いることはいるけれど、遠方でなかなか会えないという方。どうかあきらめないでください。

毎日のように立ち寄るコンビニの店員さん、唐揚げをおまけしてくれる惣菜屋《そうざいや》のおかみさん、スポーツクラブで一緒に汗を流す、あだ名しか知らないジム友――そんな〝ぴんぱんに会ってチョイチョイ立ち話もするけれど、深くない〟皆さんも、おひとりさまにとっては、いざという時、意外と頼りになったりします。

「そういえば○○さん、最近見ぃひんなあ」とか、「さっき、顔色悪かった気がする」といった直感は、行動範囲内のご近所さんならでは。そこから交番等に連絡が行き、自室で倒れているところを救われたケースはわりとあります。顔見知りが多い地域は、災害時の避難や助け合いもスムーズだそうですよ。

ちなみにネコさんの場合、行動範囲＝縄張りは、一説によるとオスで半径2キロ、メスに至っては同50メートルだとか。案外狭いですよね。しかし、一度ゲットした縄張りは徹底マーク。「あそこに行けば餌《えさ》やりボランティアさんがゴハンをくれる」といった情報を頭に叩き込み、生き残りを図っているそうです。

ああ、今日もあの人元気やな――そう思ってもらえる顔見知りのご近所さん、貴重です。まずはニッコリ、あいさつから始めてはいかがでしょうか。

まずは、
ボールを投げてみて
返ってこんかったら
スッと引く。
いい球返ってきたら
受け取ったらええ。

お坊さんは「話すこと」が生命線。法話をさせてもらったり、お寺に見える方のご相談に乗ったりする時は、至らぬながらも懸命に言葉を尽くします――が、白状すると、実はプライベートでは、自分から話しかけるのがホンマに苦手です。ひとりで参加するイベントや勉強会なんかでは、特に。決して人嫌いとかそういうんやないんですけど、「何かいいこと言わな」とか、考えすぎちゃうんですね。

私と違って初対面で誰かと意気投合するおひとりさまは、必ず自分から話しかけます。それも、「飴《あめ》ちゃんいる？」とか「どっから来たん？」とか、まったく構えず声をかける。「嬉しいわあ、ありがとぉ」といった返事があったら、そのまま盛り上がる。反応がイマイチならスッと引きはる。その呼吸が絶妙なんです。

P11で「笑顔はお布施」とお伝えしましたが、コミュニケーションを取るのもまた、和を大切にする行為。自分から投げるボールは、どんなささやかな言葉でも、立派なお布施です。

もしも相手から返球がなかったら、「その人とは」キャッチボールをやめて、別の人に投げればいいだけの話。心配せずとも、気の合う人からは絶対にいい球が返ってくるはず。分厚い間柄も顔見知りも、すべての出発点はここからです。

私も、努力します。いつか自分からボールが投げられますように。

馴染みの店での
世間話は
「マーキング」。
おひとりさまの命綱。

無人レジにタッチパネル注文。「非接触」は、もはや当たり前の光景ですよね。実際、生身の人間よりAIと会話している人も増えていると聞きます。特にお年寄りは、正論でやりこめてくる家族よりも、〝それは大変ですね〟とか表面的な優しい言葉だけ返すAI人形のほうが心安らぐというケースも。しかもその人形、人前で病気と薬の話はしないようにプログラミングされているとか!

しかし、無人レジやタッチパネル、AI人形では決してできないこともあります。それは「あなたが今、ここに確かにいる」のを認識できないこと。災害時、電源が落ちたらそれっきり。あなたの存在を何ひとつ覚えていてくれへんのです。

あなたを覚えていてくれるのは、生身の人間です。通勤途中でお弁当を買うコンビニの店長。大好きなセレクトショップの店員さん。嘘かもしれないけれど、「〇〇ちゃーん、待ってたわよお」と歓迎してくれるスナックのママ。そんな、深くはないけれど、お客として大切にしてくれる人たちも、その一員です。

何気ない世間話はマーキングと同じ。馴染みのお店をいくつか持って「ここに、私がいる証」をひとつでも多く残すことは、おひとりさまにとって、いざという時の大きな力になるかもしれません。そうそう、家族以外の気軽な話し相手を3〜4人持つのは、うつを寄せつけずに長生きするための秘訣だそうですよ。

心も体も
ドンヨリ重たいときは
どんな薬より
「グチ吐きまくり」が効くで。
仏さんに
グチ吐くのはタダ、
しかも気分スッキリ!!

「アイツ、何か気にくわへん」「どうして私ばっかりこんな目にあわなアカンねん」――モヤモヤした時は、存分に吐き出すのが唯一最良の薬です。

ただし、ハイボールをあおりながら、友達をグチの渦《うず》に引きずり込んだりするのは考えもの。お金を払って、その道のプロに聞いてもらいましょう。

「なんやネコ坊主、薄情やな。友達ならグチぐらい付き合ったれや」と思われる方もおられるかもしれませんが、お金を払えば、こちらはスッキリ、あちらはニッコリのウィンウィン。スナックのママさんが〝ウンウン、そうね、○○ちゃんは悪くないわ〟と付き合ってくれるのは、儲《もう》かってプラスになるからです。

でも、タダでグチられる友達は、そううまくいきません。「長年の友達と絶縁したい」とご相談に見える方は、ほぼこのパターンです。相手にグチばかり言われて、しんどくなってきた、と。しかも、タダで聞いてもらえるからか、何度でも来る。そういう相手って解決を求めていないし、ただただ話が長くて、聞かされる側の気持ちも考えないから、どんなに仲良しでもつらくなってくるんですね。

どうしてもお金を払いたくなければ、グチるのはネコさんでもいいかも。でも、あの子らにしたら、ネコの耳に念仏。途中でプイッと消えても文句は言えません。

その点、仏さまになら、いくらグチってもタダ！　一生分、聞いてもらえます。

イヤなら
「今は」
会わんでええん
ちゃう？

失恋直後に届いた、友人からの結婚式の招待状。不妊治療に苦戦している最中に誘われた、子供がいる家族主催のバーベキュー大会。自分を追い抜いて出世した後輩の、昇進祝いの飲み会。

人の幸せを見たくない。喜べない——そんな時も、ありますよね。私も、なかなか子供ができなかった時、似たような経験をしました。

できることなら、素直に祝福してあげたい。大人なら、にっこりスマートに立ち回らなアカン。だけど、やっぱりしんどい。夢を叶えた眩しい姿を見るのがつらい。それに出席を断ったら、相手にも周囲にも、よく思われないだろうし……どないしたらええんやろ？　返信の期限はもうすぐなのに、決められへん。

そんな時は、無理に会うことはありません。行きたくないならば、行かなくていい。ご祝儀や、ちょっとした祝い花やお酒に添えて、「今回はどうしても都合がつかなくてごめんね。ずっと応援してます」といったメッセージを贈れば、それで十分。気持ちは相手にちゃんと伝わるし、周囲の人の関心は「主役」にあります。きっといい意味で、あなたのことはさほど気にしてませんよ。

なにも、未来永劫会わないわけではありません。「今は」会わないで、自分を楽にしてあげればいい。あなた自身がゴキゲンさんでいることが最優先です。

「あのとき××
してたら…」
なんて、
もうエエやん。
自分責めても
ごほうびないで。

おしゃれなインテリアの一軒家に、優しそうなパートナーと可愛い子供。夏休みは白いビーチで家族そろってバカンス——週末、知り合いのSNSをつい覗《のぞ》いてしまって、ガックリ落ち込んでしまう。

なんで私はこんなふうになれへんかったんかな？　どこで間違ったんやろ？

そんな時は、紙とペンを用意して、「あの時、××していたら、○○だった」と思うことを書き出してみてください。スマホではなく、必ず手書きで。

《あの時、正社員で入った会社を辞めなければ、もっと素敵な部屋に住めていた》

《あの時付き合っていた彼と別れなければ、週末、こんなに寂しくなかった》

手と脳はつながっています。実際にペンを動かすことで、堂々巡りのしんどさが、次第に客観的に捉えられるようになる。本当にそうなの？　って。

あの時、会社を辞めたのは、激務で体を壊す寸前やったから。彼と別れたのはお互い結婚する気がなかったから。そのどちらも、今はどう逆立ちしても動かしようのない事実です。そこで悩んでも、ごほうびなんて望めません。

人生のごほうびは、自分で動かせる範囲のものを動かせた時に、初めてもらえます。体が丈夫なら何でも挑戦できるし、シングルだからこそ、恋の３つや４つ、堂々とできます。動かせるものがまだまだあることに、きっと気付けますよ！

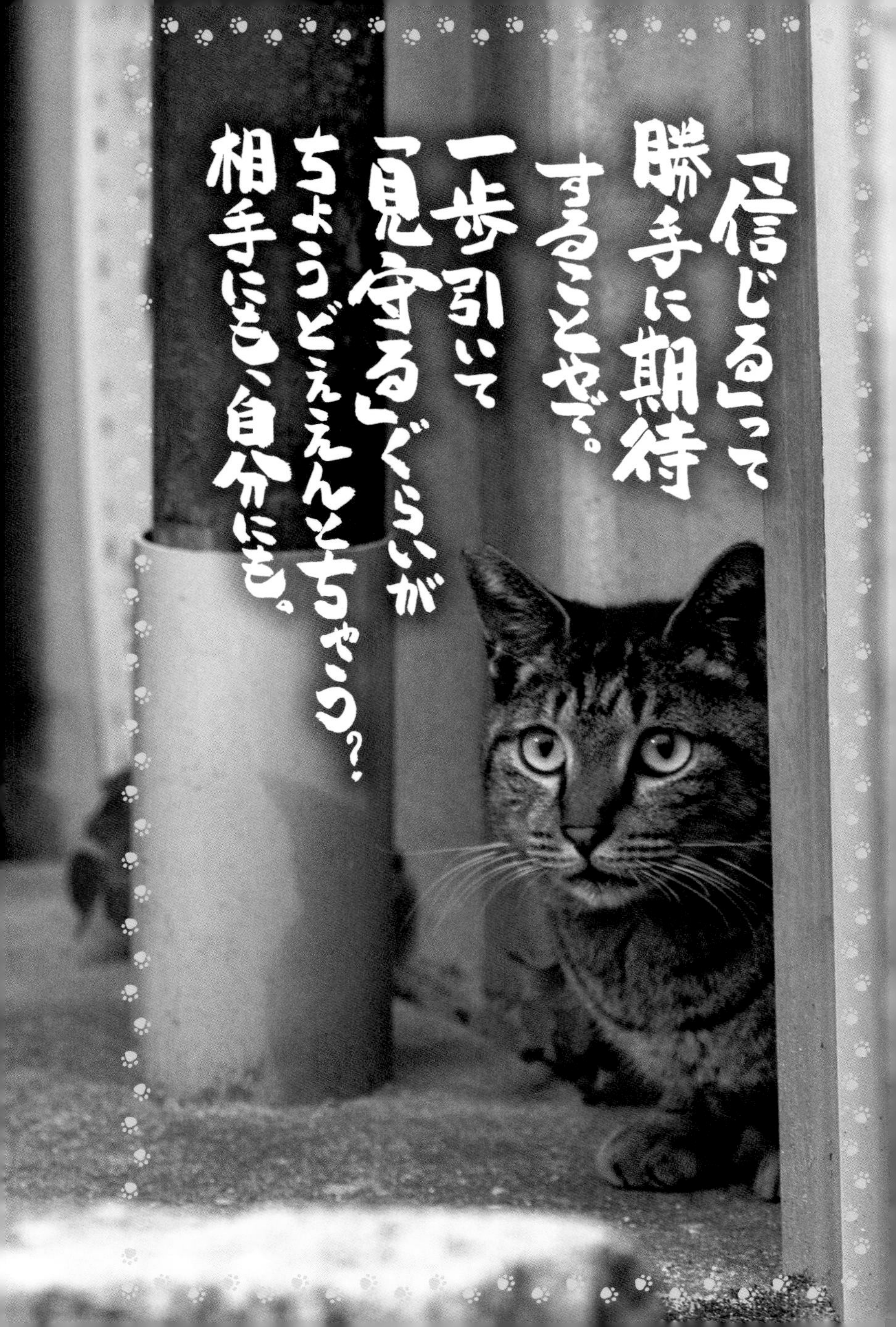
「信じる」って
勝手に期待
することやで。
一歩引いて
「見守る」ぐらいが
ちょうどええんとちゃう？
相手にも、自分にも。

〝この間はノドをグルグル鳴らして愛想よく近づいてきてくれたのに、なんや今日はプイッとして、目もくれんかったなあ〟なんてことは、地域ネコさんの見守り活動中、よくあること。そんなつれなさも、ネコさんらしくて微笑《ほほえ》ましいぐらいです。しかし、これをニンゲンに当てはめたらどうでしょう。

〝この間は「よお〜、ネコ坊主！　元気やったか」とニコニコしてたのに、なんやアイツ、今日はプイッとして、目もくれんかったなあ〟。そんなつれなさもアイツらしくて微笑ましい――なんて、なかなか思えませんよね。いったい何があった？　なんでアイツは変わってもうたんや？　と心がザワつきませんか？

でも、これってこちらが相手に「ニコニコ愛想よく接してくれる人」と期待しているだけ。一方的な甘えなんです。

そもそも自分も含めて、変わらない人など、この世にはいません。「アンタは変わってもうた」と責める人ほど、変化を怖れるあまり、相手を身勝手な理想の中に押し込もうとする。それではお互いに苦しくなる一方でしょう。

もちろん、生きている以上は誰かに期待するのは避けられないし、その期待に応えようとするのは悪くないことやと思います。ただ、ちょっとだけ引いて眺めてみるのも必要ではないでしょうか。地域ネコさんを、そっと見守るように。

あの子と一緒
やったら
幸せやったかも
しれへん。
でも、
あの子と
別れたから
強くなったのかも
しれへん。

ネコさんたちの恋の季節は、悲喜こもごものドラマに満ちています。意中のメスネコさんを巡って大ゲンカし、やっと勝ったオスネコさんが、肝心の〝彼女〟にアピールするも、「アンタ、大っ嫌いや！」と強烈な猫パンチで撃退されたり……主導権は完全に女の子にあるんですね。身につまされます。

私も、これまで数え切れないほどフラれてきました。

若い頃は、冬限定でモテてたんです。スノーボードがまあまあ得意なものですから、ゲレンデではきっと、新雪よりもキラッキラ輝いて見えていたんでしょう。でも、春になり、夏になると「なんだか別人みたいにボーッとしてる」とガッカリされて、フラれる。なかには、「もっと精進せえ!!」と捨てゼリフで締めた手紙で別れを告げてきた女性もいました。ある意味、忘れられません（笑）。

なんで？　なんであんなに尽くしたのに。何時でも、どこにでも、車出して迎えに行ったのに。オレのどこがアカンかったんやって、しんどかったですよ。

だから、しんどさから逃れるべく、フラれるたびに新しい趣味に没頭しました。バイクにトレイルラン、国道ならぬ悪路続きの「酷道《こくどう》」めぐり。気付いたら、フラれる前よりちょっとだけ強く、たくましくなっていた――ような気がします。

あの時の別れのおかげで、今の私がある。これでよかったんやと思います。

ひとり旅は
自分が
大好きになる
チャンス。

晴れ渡る日も嵐の夜も、小さな体ひとつで世の中を渡っていく外ネコさんたち。その一生は、過酷なひとり旅のようなものかもしれません。

私も若い頃は〝野宿上等〟の無謀なひとり旅をよくしました。

バイクにテントを積んで酷道をひた走り、あろうことか真夜中、道に迷いすぎて携帯の電波が届かない山奥。仕方なくその場でテントを張って寝ていたら、午前3時頃にバババババーッと爆音が！　いつの間にか暴走族に囲まれ、「なんや、こんなところにテントあるやんけ」なんて声もする。肝が冷えました。朝になってわかったんですが、そこ、道路の真ん中やったんですよ（笑）。

ひとり旅は想定外の連続。乗り切る時は必死です。泣き叫ぼうがなんだろうが、ひとり。次の行動をどうせなアカンか、しか考えなくなる。でも、それがいいんです。ちょっと前にフラれたことなんて、どうでもよくなる。「今、どうするか」だけに集中できるんですね。旅を終える頃には、「ああ、オレもけっこうやるなあ」って、じわっと自分を認められるようになります。

それに、人の優しさが身に染みてわかります。バイクが壊れてもガソリンが切れても、助けてくれはる方は必ずいました。人は皆、仏性《ぶっしょう》――仏さまの種を持っている。意外な場所で、意外な姿で、仏さまはあなたに微笑んでくれるのです。

選ばんかった
「アレ」より
選べる
「これから」。
そのほうが
ワクワク
するんちゃう？

幽霊には、足がない。常識ですよね。会ったことはないし、会いたくもないですが。一方、海外の幽霊には足があって、騎士や貴婦人姿で靴も履き、元気に(?)走り回ってるみたいです。なぜ日本では足なしの幽霊になったのでしょうか?事の起こりは江戸時代。円山応挙《まるやまおうきょ》が描いた、下半身がスーッと消えた白装束《しろしょうぞく》の美人幽霊画が評判になり、一気に足のない姿が定着したとか。それればかりか、足なしの幽霊画には、仏教の戒めが込められているとの説まであるんです。フワフワ浮いているのは「地に足がついていない」。手がだらんと垂れているのは、「物事を投げ出している」。「うーらーめーしーやー」とばかりに上目遣《うわめづか》いなのは、人をうらやみ、ねたんでいることを表現。乱れ髪は、ズバリ「いつまでも過去のことをズルズル引きずっている」——。

選ばなかった過去のひとつやふたつ、誰にでもあります。私にもあります。時折、胸がチクリとしたりする。でも、そこに囚われて悩んでいるのは、足のない幽霊のまま、この世に漂っているのと同じ。祟《たた》られそうで、誰も寄ってきません。

これから選べることに頭を切り替えて、成仏《じょうぶつ》させてあげましょう。そして、だらんと垂れた手を、どちらでもいいからキュッと上げてみたら……ほら、招き猫のポーズです。素敵なことを呼び込めそうで、ワクワクしませんか?

さあ、悩みや〜。
制限時間十分!!

専念寺の「悪縁切り」の祈禱《きとう》で活躍されるのは、鬼を踏みつけてはる毘沙門天《びしやもんてん》さま。江戸時代初期から400年以上も悪縁をブッた切ってきた仏さまです。

ただ、肝心《かんじん》のご依頼者に「どんな悪縁を断ち切りますか？」と尋ねると「……どんなんやろ？」と悩むケースも珍しくない。さらに話を伺えば、「今の自分はこんなはずやない。きっとあんなんも、こんなんも、すべて悪縁のせいや」みたいなことをおっしゃるんですよね。

毘沙門天さまが切れる悪縁は、ひとつ。これでは迷ってしまうばかりか、ヘタしたら良縁まで切りかねない。だから、私はこうお伝えします。「今から10分、お経を上げる間に、どの悪縁を切るのか、ひとつだけ考えてください」と。

この「10分&ひとつだけ」が重要なんです。10分で心を整理するのは無理でも、しんどい悩みを「ひとつだけ」ピックアップすることは、それほど難しくない。

皆さん、この10分間で初めて自分の悪縁——モヤモヤと本気で向き合うんですね。お経の後、「決まりました」となったら、紙に息を吹きかけてもらい、ハサミでスパーンッと悪縁を切断。ご依頼者の表情は一気に明るく穏やかになります。

悩んだら、スマホのアラームを10分後にセットし、今、何がしんどいのか、時間を区切ってひとつに絞り込んでみる。それが「スッキリ!!」への第一歩です。

進む道がわからなければ、
わかるまでゴロ寝!!

前項で悪縁切りのお話をしましたが、なかにはお経を上げている間の10分で「どんな悪縁を切りたいのか」決められない方もおられます。そういうことも、ありますよ。あまりにつらいこと、ハードなことが続くと、全身の力みが取れずに疲れ切ってしまい、心の整理なんてとても無理だったりしますから。

そんな時こそ、ネコさんに学びましょう。

どうしていいのかわからなくなってしまったら、取りあえず、ゴローンと寝てしまえばいい。植え込みの陰や店の軒先、窓辺や駐車場の隅で「落ちてる」ネコさんを見習って、ひとまず眠ってしまう。フテ寝、上等！ 生活時間を自分でコントロールできるおひとりさまには、特にお勧めです。

これは、「逃げ」ではありません。〝いったん進むのをやめて、ゴロ寝〟という「方向転換」を図っただけの話です。しんどい時に、やみくもにさまようのはパワーの無駄遣い。心身の快復を待って、本来進むべき方向が見えたら、もう一度歩き出す。そのほうがずっと効率的だし、軽やかではないでしょうか。

人生は、前にしか進んでいかないもの。後ろに進む人は、ひとりもいない。であれば、前に進むのを「あきらめない」ために、今、無理して頑張るのを「あきらめる」。有意義にあきらめるのを恐れないでくださいね。

おひさまは「ひとりの不安」に効果てきめん。

気楽なひとり暮らしで、時間もお金も、誰に遠慮することなく自由に使える。なのにどうにも満たされず、夜はスマホをいじって欲しくもない服や小物を通販でポチポチ衝動買いしたり、モノで溢れる汚部屋で何時間も動画を眺めながら深酒したり。最近は人の幸せも素直に喜べなくて、週末になるたび、この世から消えたくなる――すべて「おひさま」が足りていないサインです。

自分にも他人にも攻撃的になる時には、必ずどこかに大きな「不安」が隠れています。心療内科などのクリニックにかかるのも大事ですが、その前に、ぜひ積極的におひさまの光を浴びてみましょう。ビタミンDの合成を助け、骨を強くするとともに、〝心の骨〟も強くする日光は、不足するとうつっぽくなり、生きているのがしんどくなる。病気にもかかりやすくなるそうです。

ネコさんは夜、とっても元気ですが、おひさまとも大の仲良しです。日向《ひなた》でウトウト気持ちよさそうに昼寝しているのは、自己治癒力《じこちゆりょく》を高める効果もあるとか。あの子たち、ちゃーんとわかってるんですね。

夜のスマホはほどほどに切り上げ、早めに休む。目覚めたらカーテンを開けて朝日のシャワーをしっかり浴びる。不安解消の特効薬は、タダで効き目抜群。ネコさんも太鼓判《たいこばん》をバンと押すスグレモノですよ！

親子だろうと
ムリなもんはムリ。
居場所は
自分で決めや。

おそらく「10歳でお金を稼いでアパートを借り、ひとりで掃除・洗濯・料理も完璧《かんぺき》にこなしながら小学校に通ってました」という方は珍しいでしょう。

しかし、ネコさんは違います。特に外で生きる子は、人間ならば10歳に当たる生後半年までに生きるためのスキルを叩き込まれ、母ネコの縄張りから追い出される。あれほど愛情深く育てていたのが嘘のような容赦《ようしゃ》のなさ——同じ縄張り内で獲物の取り合いになり、互いに自滅しないための掟《おきて》なんでしょう。

ネコさんから見たら、いろんな意味で距離が近くて、ヘタすれば憎み合ってるのに離れられない〝おひとりさま同士のニンゲン親子〟は、とっても不思議でしょうね。しかも、親子というだけで「ガマン」の選択肢しかない。疲れ切った相談者さんに『逃げる』というコマンドもありますよ」とお伝えすると、「ほんまに逃げていいんですか？　親と縁切ってもいいんですか!?」と驚かれます。

自分の気持ちを殺して生きるぐらいなら、たとえ親といえども逃げるべき。居場所は自分で決めていいんです。大丈夫、親子関係だけは、いざとなったら行政から必ず連絡が来ますから、それまで放っておくのも一手です。

ただし、逃げるにもパワーが必要。親ばかり責める前に、ご自分を見直しましょう。え？　今も洗濯してもらってる……？　まずはそこから変えましょうね。

ニンゲンから見たら
「うらやましい!!」
家でも
ネコから見たら
大変なウチ、
いっぱいあるんやで。
一家にひとりの
問題児は
ひとりで
抱え込まんと
プロや周囲に
助けてもらいや。

悪縁といい、呪《のろ》いの人形といい、お坊さんをやっていると、時にゾワッとした事態に出くわすこともあります。

大企業の重役にまで上りつめ、お屋敷も建てて、優雅な老後を送っているはずの方が、「実は50代の息子の暴力に悩まされていて……」とゲッソリやつれてご相談に来られるようなことも珍しくありません。むしろ、裕福なお宅ほど相続で揉めてメッチャメチャとか、厳しい事情を抱えておられるケースが多い。

残念ながら私には、すぐに解決に導ける力はありません。ただ、ここ喜連瓜破の地に420年余も根を張っているお寺だけあって、似たようなケースは知識として蓄積されています。プライバシーには厳重に配慮しながら類似の事例をご紹介し、ご家族がどのように向き合ったのか具体的にお伝えすると、もう、それだけで安心しはるんですよね。「ああ、ウチだけやないんですね」って。

もちろん、背負う荷物が軽くなるわけではないけれど、いったんホッとして下ろすことができる。少し楽になったら、「私以外に面倒を見られへん。なんとかせんと」と抱え込む以外の選択肢が浮かんでくることもあります。

プロや周囲を頼るのは、一家の問題児を身捨てることではありません。助けてもらうのは、あなたから。それが、大切な人を救う第一歩になるはずです。

甘えられる身内は
だんだん
減ってくで。
大事にしときや。

顔見知りのご近所さんやマーキング先の馴染みの店で会える人たちは、おひとりさまにとって大切な存在。ただ残念ながら、絶対にできないこともあります。たとえば、お店で飲んで盛り上がっている最中にあなたが倒れたとしても、病院には運び込めるでしょうが、その場で入院や手術の決断や同意書の署名などは難しい。そこはどうしても、血のつながった身内に頼らざるをえないのです。

顔見知りや馴染みのお店が「飴ちゃん」だとしたら、主食の「ゴハン」は、やはり身内。年を重ねるほどに疎遠になりがちですし、正直うるさい、うっとうしい親戚もいるでしょうが、大事にしていく順番というのは必ずあります。

特に、〝すでに故郷を出ていて親戚が全員遠方〟というおひとりさまほど、キーマンになってくれそうなおじさん、おばさんに自分の存在を知っておいてもらったほうがいい。一度切れると、親戚付き合いを復活させるのは困難です。法事などにはできるだけ顔を見せて、コミュニケーションを取っておきましょう。僧侶という職業柄、お葬式や相続ですったもんだする例をたくさん見てきましたが、最後はうるさいおっちゃんがバンと収めてくれたり、けっこう頼りになりますよ。

しかも、そういう頼りになる身内は、年齢的にも、自分より先に旅立つ可能性が高いです。いつまでも甘えられるわけではないことを、どうかお忘れなく。

「さみしい」は
「めんどくさい」
より
ずっとマシ。

就職、結婚、子育てに介護、親戚付き合い——人生は、面倒臭い。ほとんどが面倒臭いです。正直、疲れます。いっそ弥太郎みたいなお気楽ネコになりたい。

お寺にご相談に見えるおひとりさまは、慎重なタイプが多い印象を受けます。「面倒臭い」を背負った時の重たさを誰よりも理解しているためか、迷っても一歩を踏み出さない。踏み出せない。

結果、おひとりさまになって「寂しい」と訴えられる方も。たとえ血のつながった孫がいようが、さみしい人は、寂しいものなんですけどね……。

ただ、寂しさはいくらでも紛らわせることができます。熱中するほど好きなものや趣味を逃げ場として持っていれば、忘れられる。一方、「面倒臭い」は決して紛らわせられません。どこまでも忘れさせない。時間もお金も、心ですらも支配されるのです。「やっぱ、やめとくか」を選んだあなたの選択を大正解にしていくことこそが、よりよい人生を歩む最大のポイントではないでしょうか。

もちろん、「うっわー、メンドくせー」の中に、思わぬ楽しみが隠れていることも否定できません。恋愛なんか、その最たる例でしょう。勘違いに勘違いを重ねて、盛り上がったり涙を呑んだり。「面倒臭い」ほうが楽しそうに見えた時は、いつでも受けて立てばいい。私はもう、たくさんですけどね（笑）。

運命って
変えられへん。
でも、
「自分はこれでええやん」
と思う気持ちも
誰にも変えられへん。

「とにかく自分が大っ嫌い。顔も、性格も、頭も、全部悪いんです……」

そう訴えるご相談者さんほど、私から見たら正反対です。

皆さん、たいてい髪型や服装に清潔感があり、流行もほどよく意識されている。マナーもわきまえておられて、むしろ好感度が高い方ばかりですから。

私は「自分が大っ嫌い」は「大好き」の裏返しやと思っています。

人は結局、自分が一番好きです。ホンマに嫌いやったら病院にも美容院にも行かない。服買《こ》うたりもしない。すべてにおいて無頓着《むとんちゃく》になるはずです。人目を気にしなくてＯＫのおひとりさまなら、なおさら。

問題は「好きな私になれてへんという思い込み」のほうではないでしょうか。

たとえば、親から「可愛くない子」と否定されて育ったり、誰かと比較されて落ち込み、心に刻まれた傷は一生消えない。病気や死、老いなど、運命という名の試練も変えられない。人生、うまくいかへんことの連続です。一方で、「でも、私は、これでええやん」と思う気持ちもまた、誰にも変えられません。決して。

あなたは、生きてるだけで自分に１００点満点をつけられる、ただひとりの存在です。自分への愛をストレートに認めるのは怖いかもしれないけれど、本来は一番のファンであるあなた自身を味方につけると、一気に楽になれます。

この世は
「おひとりさま」の
集合体。
誰が欠けても
まわらん
ねんで。

時々、お食事する友達も何人かいる。職場でも仲良くやってるつもり。なのに、誰にもわかってもらえへん気がする。みんなといても、どうしてこんなにひとりぼっちなんやろ？——こんな苦しみを吐き出すご相談者さんも、よくおられます。

人間、生まれる時も死ぬ時も、たったひとりです。そして、相手の心が100％わかる人はいません。みんな孤独な「おひとりさま」です。

でも、その「たったひとり」が欠けると、この世は回らない。まるで、肝心なところを塗り忘れた絵画のように味気なく、物足りない。あなたも私も〝この世〟という途方もなく大きな絵を彩る、代わりのきかない美しい一色なんです。

自分のいいところがわからなかったら、ぜひ、誰かのいいところを見つけて、勇気を出して伝えてみてください。「声が優しくて、聞いてるだけで癒やされるわあ」とか、ささやかなことで十分です。人間関係は合わせ鏡、きっと今度は相手があなたのいいところを見つけて教えてくれるでしょう。

逆に、相手をけなしてばかりの人は、同じように悪口ざんまいのタイプと結びつく。結果、自分の長所がますますわからなくなって、孤「毒」が深まります。

「一人一切人《いちにんいっさいにん》、一切人一人《いっさいにんいちにん》」。お経の中の一節です。

ひとりはみんなのために、みんなはひとりのためにあるのです。

「素直な自分」に
なれへん時は
深呼吸して
「のび〜」が効くで。

体と心は、つながっています。

わけもなくイラついて意地悪な気分になったり、「どうせ私なんて」と落ち込んだりする時は、体、特に胸のあたりがカチコチに固まっていることが多い。趣味でホットヨガを8年続けているのですが、胸の緊張が強いと、ネガティブになりやすいそうなんですね。

その名も「ネコのポーズ」は、まさしく胸の緊張をほどいてくれるヨガ。詳しいやり方は動画などを参考にしていただければと思いますが、ネコさんの〝深呼吸して、のび〜っ〟をイメージしながらトライしてみてください。

まず、呼吸がほんまに楽になるし、夜は深く、ぐっすり眠れる。睡眠力が格段にアップしますし、なにより、穏やかな気持ちを取り戻せます。母親とブリブリ言い争ったことも、まあ、しゃあないか……って。

教室に通わずとも、ネコ背気味で前に丸まってしまった胸をちょっと開いてみるだけで、十分緊張が取れますよ。舌をベーッとしたり、あくびをするのもヨガ効果が期待できるとか。ひとりなら、思いっきり変顔できます！

そういえば、ウチの弥太郎もあくびようしてるし、べろをしまい忘れてますね。少々リラックスしすぎのような気もします（笑）。

大事な人、
おらんく
なったんか。
ガマンせんと
泣け、泣け、
泣け。

「思い通りにいかへん時って、どう考えて生きていったらいいんでしょうか」

ある日、お寺に見えられた女性が、ポツリと呟《つぶや》きました。たったひとりの大切な人を亡くした、と。

なんで？　なんで先に逝ってもうたんや？　これからどないしたらええんや？　もう、思い通りにいかへんことばっかりで、生きているのが怖い——。私はただ、その方が涙ながらに打ち明ける胸中に耳を傾けることしかできませんでした。

喪失の悲しみに、言葉は無力です。どんな慰めも、何の役にも立ちません。生きるも死ぬも、思い通りにいかへん。だからこそ、「考える」のをいったんやめて、今、まさに流れている時間に身をゆだねてみる。そして、ただ、泣くのです。泣いて、泣いて、泣くんです。心を壊さない唯一の方法は、泣くことだけです。

最愛の人を失ってもなお、気丈に振る舞おうとする方もおられますが、無理に立ち直ろうとする必要はありません。悲しみは、ずっと抱いていればいい。一緒に生きていって、いいのです。

そんな時こそ、何百年もの間、人々の悲嘆を受け止めてきた仏さまの出番です。どうか、いつでも頼ってください。存分に胸の内を吐き出して、泣いてください。

ここ喜連瓜破の地で、お待ちしております。

「泣いたらアカン」は
アカン!!
泣ける場所
確保しときや。

どうにもできない怒り、イライラ、悲しみは肌をくすませ、息をするのも苦しくなり、老いと病を呼び込みます。解毒《げどく》には、とにかく泣くのが一番。涙をガマンするのは厳禁です。

ただ、家や自室で涙を流すのは、避けたほうが無難です。

いつもの見慣れた光景を前にしてワンワン泣こうとしても、堂々巡りになりやすい。それに「あ、ヤバい！　企画書の締め切り明後日《あさって》や」とか、「冷蔵庫のシュークリーム、そろそろ賞味期限か。早く食べな」とか、周りのものから発生する情報が多すぎて、泣くことに集中できない。中途半端に涙したせいでさらに落ち込んでしまった、なんてことになったら元も子もありません。

病気は病院で治すように、デトックスにもふさわしい場所があります。

お勧めは、海。はるか遠くの水平線を眺めながら声を上げて存分に泣けば、危険な毒素はキレイさっぱり流れ出ていきます。

私にも、「しんどい時はココ！」という秘密の海辺があります。夕日を浴びながら号泣しているお坊さんを見かけたら、そっとしておいてください（笑）。

お寺もいいですね。お線香の穏やかな匂い漂うなか、ただ優しく微笑んでくれる仏さま。心のデトックスを担《にな》ってきた場所で、一緒に泣きましょう。

心、
こってんちゃう。
好きなだけ
涙出して
デトックスしいや。

私のお寺では、悪縁切りだけでなく、人形供養もお受けしております。年季の入ったお雛《ひな》さまなど、長年大切にされてきたお人形ばかりですが、時折、ドキッとするようなものをお持ちになる方も。たとえば、ナイフをグサグサ刺したアンティークドールとか、針山《はりやま》と化したクマのぬいぐるみなんかを差し出して、「このままだと、相手にも同じようなことをするかもしれへん。だから、この子に恨みを込めたけど、今度は自分にその呪いが返ってきそうで、怖くて……どうか供養したってください」と、伏し目がちにお願いされるのが常です。

よくあるのは、夫の不倫相手を呪うケースでしょうか。

裏切った夫も同罪なのに、恨みの矛先《ほこさき》は必ず相手の女性に向かう。お連れ合いが好きで仕方ないからでしょう。自分のおぞましさに打ちひしがれるご依頼者に、私は真っ先にお伝えします。「相手を暴力で傷つけず、ぬいぐるみで止まってよかった。あなたは間違っていない。呪い返しなんて、あるわけがありません」と。

お経を上げ終わると、皆さんボロッボロ泣きはります。「よかったです。ホッとしました」と、大粒の涙をこぼしながら泣きじゃくる。やがて、何かが解除されたようにスッキリした表情を取り戻し、元気にお寺を後にされるんです。

涙のデトックス効果は、ひとつぶ無限大。心の毒出しにどんどん使いましょう！

「後ろ向き」は
防衛能力バツグン。
「下向き」は
安定感バッチリ。
みんなと同じ
「前向き」にならんくても
エエんちゃう？

「やればできる」「ピンチはチャンス」――世の中には〝前向きになれる言葉〟が溢れています。「そうや！　どんなにしんどくても、後ろ向きはアカン。うつむかんで顔を上げんと!!」と自分を奮い立たせる方もおられるかもしれませんね。

でも、こういう言葉が世に溢れていること自体、人間は基本ネガティブな生き物である証拠。おサルさんから進化する過程で、「オオカミに襲われたら、どないしよう」「このまま飢え死にするんやないか」といった強い不安に囚われていたからこそ、守りを固めて命をつなげられたんやないでしょうか。

逆に、めっちゃポジティブなだけやったら、「やればできる！」とばかりに能天気にオオカミに挑み、返り討ちにあってどんどん死んでいたはずです。

しんどくて前を向けない時は、そのまま後ろや下を向いていればいい。なぜ今こうなったのか。悩むのではなく〝考える〟自分は、「生き物としての生存能力が高いんや」と、それこそポジティブに捉えればいい。二度と同じ失敗をしないように守りを固めて備えていれば、いつか再び前を向ける日も来るでしょう。

「私、ポジティブなんです」と明るく笑う方ほど、前向きな言葉の裏に、誰にも見せなかった苦労が沁《し》み込んでいる。ひとりで戦い、大変なことを乗り越えてきた強さがある。とってても素敵やと思います。

また、転んでもうた。
痛くて歩けへんけど
やっと立ち上がった。
今は、そんで
ええんちゃう？

夢にまで見た本の出版が初めて叶った、41歳の秋。私は、見事なまでに転びました。自分の不勉強と無知により、本は1ヶ月余でこの世から消えました。

お皿にラップもかけられへんほど不器用でアルバイトをクビになりかけたり、彼女に手ひどくフラれたり、何度も転んできたつもりでしたが、そんなもんやなかった。関係各位に甚大《じんだい》なご迷惑をかけ、応援してくださっていた皆さんを落胆《らくたん》させてしまった。恥ずかしくて情けなくて、眠れませんでした。猛省し、身も縮む思いで出させていただいた謝罪文には、罵詈雑言《ばりぞうごん》の嵐を覚悟したのです。

ところが、待っていたのは嵐ではなく、皆さんからの数え切れない激励と温かいお言葉でした。わざわざ遠方からお寺に訪ねてこられ、「自分も昔、事業に失敗して……」と打ち明けられたある男性は、いつしか私の話をじっと聞いてくださっていた。ふたりで肩を抱き合って泣きました。ありがたかった。

倒れたままでは歩けません。「たとえまだ痛くても、立ち上がりさえすれば、再び歩き始めたも同然や」と己《おのれ》を鼓舞《こぶ》し、また、どうにか立ち上がれたのです。

ぶざまに転んだ先で見えたのは、これまで気付かなかった美しい花でした。転ばなければ、転んだ人の真の痛みもわからなかった。すべて、支えてくださった皆さんのおかげです。41歳で逝った父も、空の上で喜んでいることでしょう。

ふとんで
寝られたんやろ。
今夜はそれで
大正解!!

自由気まま、お気楽そのものに見えるネコさん。しかし、外で生きる子たちを取り巻く環境は、とても過酷です。虫や鳥を狙って果敢《かかん》に狩りに挑めど、十分なエサにありつけることなど滅多《めった》にありません。最近はゴミ捨てのルールも厳しく、おいそれと人間の残飯も漁《あさ》れない。毎日、空腹との戦いです。

さらに外ネコさんには、安心して寝られる場所が確保できず、睡眠不足の子がけっこういるとか。大人のネコさんでも、1日14時間ほどの睡眠が必要だと言われていますが、外の子はそうもいきません。いつカラスに襲われ、心ない人間に危害を加えられてもおかしくない。オチオチ眠っておられへんのでしょうね。

だからあなたは、外ネコさんからしたら、エリート中のエリートです。

「あったかいゴハン食って、フッカフカのお布団で寝とるな。オマエ、すげえな。ええところ確保できてるやん。やるなぁ」みたいな。きっと、信じられないほどうらやましいことでしょう。

人間を長くやってると、悩ましいことも、切ないことも多いです。でも、視点を変えると、あれ？　相当恵まれてるやん、と気付いたりする。しんどくて泣きたい夜も「お布団で寝られる幸せ」がある――それだけでハナマル。大正解です!!

今あるもんで
じゅうぶん幸せ。
そう思うだけで
生きてて
楽しくなるで。

――子供の頃から、ずーっとけなされ続けてきました。なんでこんなこともできへんのや、オマエはダメなヤツやって。実際、何をやってもうまくいかん。家でも会社でも、「いらんヤツ」扱いですわ。どうせ自分なんておらんでええんや……住職を拝命して以来、こう切々と訴える方からのご相談は数知れません。

皆さん、例外なく自己肯定感はボロボロ。周囲に恵まれず、罵倒《ばとう》され続けてきたら、無理からぬことでしょう。ただ、私から見たらほとんどの方が、まさに今、ご自身が握りしめている幸せにまったく気付いておられへんのです。

「今朝、あったかいお味噌汁を飲んだ? ええですねえ。へえ〜、車で通勤OK? 恵まれた職場ですなあ、満員電車知らずでラッキーですやん。その上、ミスして怒られてもお金もらえるやなんて、すごい。メチャクチャ幸せですよ」

ひとつひとつご指摘すると、途端にパアーッと顔が明るくなる。すごく喜んでくれはる。「自分なんて、ダメなヤツ」から「自分だから、こんなに幸せ」に変わった瞬間に、素晴らしいギフトになるんです。しかも、幸せのギフトは、すでに無数に与えられている。だからこそ、私たちは生かされているんです。

「今、あるもん」をちゃんと数えられるコツは、素直になること。「私だから、こんなにツイてるんや」と素直に思うだけで、生きるのがグッと楽しくなります。

ひとりの食事が
美味しく
ないの？
なら一品、
「高級ふりかけ」
に変えとき。
これだけでも
けっこう幸せに
なれるで。

ウチの弥太郎のゴハンは、基本、キャットフードだけ。たまのごほうびに「ちゅ〜る」をあげると、ブヒブヒ喜んでむしゃぶりつきます。

アラブの石油王のネコさんならば、毎日、リッチなトロや牛ヒレをもらえるのかもしれません。でも私は、たまのちゅ〜るに目の色変える弥太郎のほうが、はるかに幸せな気がしてならないのです。


ひとりの食事が味気ないのは、ひとりで寂しいから？　それとも、食卓に並ぶ料理自体が文字通り「味気ない」——何か、ひと味足りないからでしょうか？

おひとりさまなら、三食すべてを誰かと共にするのは難しいかもしれません。だけど、味気ない食事を、ちょっとでも「味気ある」ものにはできます。

試しに、少々お高い高級ふりかけを奮発してみてください。きっと開封前からワクワクしますよ。私は単純なので、「こんな値段出してんねんから、やっぱうまいわ。このカツオ、匂いが全然ちゃう」と、普段よりずっと美味しく感じます。

人が老いるのは、好奇心がなくなる時です。「美味しい」や「楽しい」が感じられなくなったら、プチぜいたくで好奇心を呼び戻してあげましょう。

数百円の高級ふりかけでも十分満たされ、若返る。安いものです！

「幸せかどうか」を
誰かに
決めてもらうん？
そんなん自分で
決めたらええんやで。

ホンマに幸せな人って、どういう人やと思われますか？

一億円の宝くじを当てた人？　大リーグの大谷翔平《しょうへい》選手みたいなスーパースター？　大発見をしてノーベル賞をもらった人？　それとも……？

私が考える「ホンマに幸せな人」は、「常に心が一定の人」です。

究極、私たちが求めているのは、安心して暮らせるかどうかに尽きます。

たとえ億単位の資産があっても、「これじゃ全然足らへん。もっと稼がな」と不安でグラグラだったら、幸せとは程遠い。逆に、特別な才能や巡り合わせには無縁でも、〝今日は高級ふりかけで美味しいゴハンが食べられた〟とか、〝続きが気になってた漫画、おもろかったわぁ〟とか、ささやかなことを楽しめるタイプは、毎日穏やかに過ごせて不幸になりようがありません。


「私って、幸せなんでしょうか」――皆さんから意外といただく質問です。

それ、人に聞く？　と思った方、あるいはそんなこと考えもしない方は、たぶん自分だけのハッピーがちゃんとある。このままハッピー人生を歩まれてください。

もしも幸せかわからない方は、毎日、「いいこと」をひとつでも数えてみると、心がみるみる安定してきますよ。幸せは、自分で決めていいんです！

「ま、いっか」と
思えば
「まあ、いいかあ」
な状況になる。

心を一定に保ち、幸せを手に入れるためには、何事も完璧を求めすぎないこともポイントです。これもせな、あれもせなアカンってやっぱり疲れますし、7割できれば上等！　ぐらいでちょうどいい。

それどころか長い人生、「やってもうた……」ということもあるでしょう。でも、安心してください。その失敗、死ぬ時にはまず、思い出しません。さまざまなご臨終《りんじゅう》に僧侶として立ち会ってきた私が断言します。

亡くなる間際に心を占めるのは、残していく大切な人のこと。1秒でもこの世にとどまりたい欲より、「愛する人たちが自分亡き後も元気に暮らしてくれるか」を気にされる方ばかりです。最後に、ほんまに仏さんになるんですね。

一方、そんな大事な存在がおられない方が旅立ちの寸前に打ち明けるのは、やらかしたことより、やらなかった後悔です。「あんとき怖くて挑戦せえへんかったけど、今思えばむしろ、しくじっといたほうがよかったんかも」と呟かれたりする。実際、成功している人ほど、失敗と挑戦を繰り返していますよね。

カッコ悪いしくじりにも、貴重な学びがある。たいていのことは、「ま、いっか」と切り変えられれば、いつかは「まあ、いいかぁ」になるものです。

ほんまの失敗は、「失敗すらしなかったこと」ではないでしょうか。

「なんとかなる」は
おひとりさまの
パワーワードや!!

クリスマスやお正月、たったひとりの誕生日。普段はそれなりに楽しく過ごしているけど、妙に切なくなる。記念日なんて、なければいいのに——そんなおひとりさまに、ご提案です。ならばいっそ、毎日を記念日にしてしまいませんか？

私たちの持ち時間は、90歳近くまで生きられたとしても、３万日余り。私など、残り１万５０００日を切っているかも。しかも、二度と同じ日はやってきません。

そう、どんな日も、お正月やクリスマス、誕生日と同じぐらい特別なんです。

たとえ少々失敗したって、ふと寂しさが込み上げたって、最強パワーワード「なんとかなる!」で吹き飛ばせます。ほとんどの不安はまず当たりませんし、言霊《ことだま》ってほんまにある。大ピンチに直面しても、「なんとかなる!」と呟けば、魔法の響きに引っ張られて、本当になんとかなってしまいますから。


身ひとつで命の勝負を繰り広げるネコさんにとって、毎日が「生き残れた記念日」。人間もまた、同じです。さあ、お祝いしましょう。

いろいろあっても、なんとかなってる私。

美味しいゴハンと、フッカフカのお布団が待ってる私。

今日も無事に生き残れて、おめでとう!!

おわりに

長年、ずーっと疑問だったんですよね。

「孤独はアカン。ひとりぼっちにならんように、空気読んで周りに合わせな」

という人もいれば、逆に、

「孤独を愛せてこそ、一人前の大人。ひとりでカウンターの寿司をつまめるぐらいにならなアカン」

と、意気軒昂《けんこう》な人もおられる。

さて、どっちなんやろ？　と。


最近、ちょっとだけわかりました。

孤独は、必ずしもアカンもんではない。

でも、愛さなアカンもんでもない。

じゃあ、何か？

私は、たとえどんなにうっとうしくても、ピタリと貼り付いて離れない、人生の道連れやと思います。

「一番長く付き合う自分自身」と言い換えてもいいかもしれません。

ひとりでこの世にやってきて、ひとりでこの世を去る宿命は、どうあがいても変えられませんから。

ならば、せっかくのご縁。

孤独を、不満や不安やモヤモヤまみれのみじめな「孤毒」にするのではなく、ひとりでもめいっぱいワクワクときめいて満たされる、お得な「孤得」にしませんか?

なにしろ私は、お得大好きな生粋《きっすい》の関西人。日々、ポイントが積み上がっていくのがほんまに嬉しい。

視点を変えて探してみると、ひとりでいるからこそ得することって意外と多いですし、そもそもお得を数える行為自体が、幸せポイントアップのチャンス。気付いた時には、きっと誰もが一目置く素敵なおひとりさまになっているはずです。

ただそこにいるだけで、自由でチャーミングでキラッキラしている、ネコさんのように。

この本を世に出させていただくにあたって、「おひとり」どころか、実に多くの方々のお力添えを頂戴《ちょうだい》しました。

いつもボランティアとして地域ネコさんの見守り活動に同行し、絶妙な表情を撮ってくださるカメラマンの今田仁義《ひろよし》さん。胸がきゅんとするようなカバーや本編写真の数々は、すべて今田さんの熱意と愛情の結晶です。

巻末付録の専念寺 御朱印コラボ企画で、センス溢れるぬり絵をご提案くださった、アズサ クリエーションの梓結実《あずさゆみ》さんと、思わず頬がゆるむキュートなイラストを描き下ろしていただいた、同・檜田泰司《ひわだやすし》さん。おひとりネコさんと守り神の迦陵頻伽《がりょうびんが》ちゃんが四季折々を満喫する姿は、色を塗る前からすでに楽しい!!

おひとりネコの守り神が迦陵頻伽ちゃんだとしたら、本作のヴィジュアル面での守り神はデザイナーの寒水久美子《かんすい》さん。遊び心タップリの仕掛けを次々とご提案され、最高に味のある雰囲気に仕上げてくださいました。

惜しみないご尽力、素晴らしいプロフェッショナルなお仕事に心より敬意を表すると同時に、深く、篤《あつ》くお礼申し上げます。


そして、何と言っても、最後まで読んでいただいた皆さん。

しくじって転んだ私のことも温かく見守り、励ましてくださる皆さん。

「ダメなとこもいっぱいあるけど、オレはこんなんでもこの世におってええんや」と自分自身を許せるのは、すべて皆さんのおかげです。

おひとり、おひとりのお顔は存じ上げないけれど、その尊い慈悲《じひ》のおこころざしは、この胸にしっかり刻み込まれております。

私を、私のままで生かしてくださって、本当にありがとうございます。

そうそう、ひょっこり出会うたびに、さまざまなひらめきや導きを与えてくれるネコさんたちにも、特大の感謝を。

みんな、ほんまにおおきに。

ありがとう。


人は誰でも、おひとりさまです。

だけど、ひとりでは生きられへん。

誰かが作ってくれた服を着て、誰かが丹精《たんせい》込めて育てたお米を食べて、誰かが懸命に架けた橋を渡って、今日も生きています。

ひとりじゃないから、今、生きている。これからも、生きていけるんです。

ゴキゲンさんのおひとりさま同士が、ゆるーくつながって、さらにゴキゲンさんな世の中になったらええなあ……。

10万円もはたいて買った腰痛防止チェアーを占拠し、ウトウト眠る弥太郎を眺めつつ、そんなことを夢見ています。


これからもここ、大阪・喜連瓜破の地で、皆さんやネコさんたちとともに、私は生き続けます。

疲れた心が少しでも楽になるよう、命の限り発信します。

どうか、しんどくなったら思い出してください。
あなたは、決してひとりぼっちではないことを。

また、必ずお会いしましょう!!

令和6年4月

ネコ坊主かく

専念寺印

専念寺住職

籔本正啓

心が整う!!

楽しい!

巻末付録　専念寺　特別コラボ

おひとりネコさん「春夏秋冬」ワクワクぬり絵

御朱印をご希望なら▼

①ぬり絵をコピーする。
専念寺の見開き御朱印帳↓150％拡大。
同・通常サイズの御朱印帳↓100％。
（さらに小型の御朱印帳の場合は各自でご調整ください）

②お好みの色を塗る。

③枠線に沿ってカットし、専念寺に持参。

なんだかユーウツ。
モヤモヤしてやる気が出ない……。
そんな時にはぬり絵がオススメです。
好きな色を無心に塗ることで
気持ちが安らぎ
ストレス解消効果もアリ。
可愛いネコさんと
守り神の迦《が》陵《りょう》頻《びん》伽《が》ちゃんを
あなた色に彩ってください！
ネコさんみたいに自由に
カスタマイズしてくださいね。
お寺に持ってきていただけたら
「御朱印」として一筆入れて
お授けいたします。

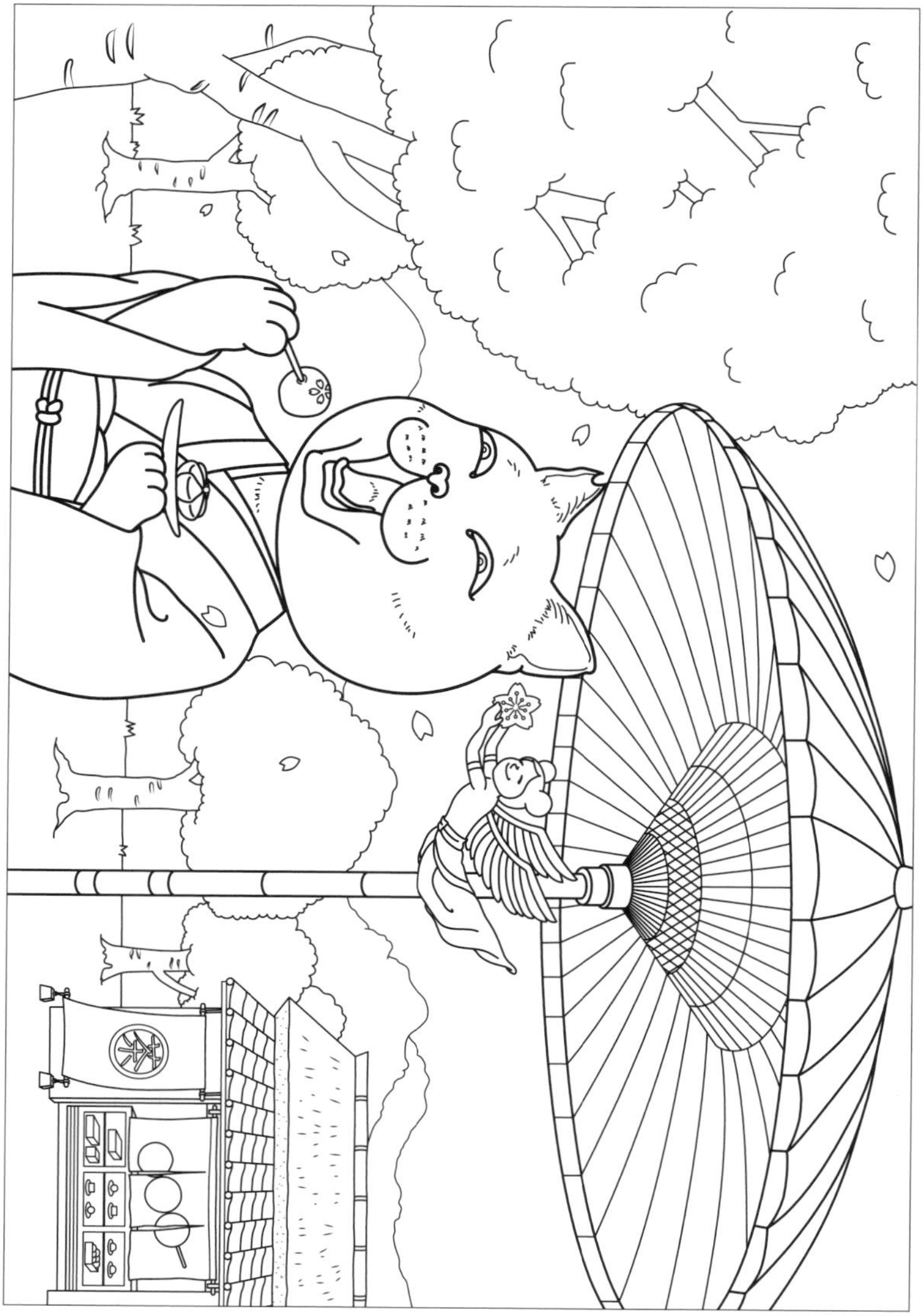

花火大会

籔本正啓（やぶもと しょうけい）

融通念佛宗・一向山専念寺・第25代住職。通称「ネコ坊主」。1982年、大阪市平野区生まれ。医療者の父と専業主婦の母のもと、健やかに育つ。7歳で父を病で失ったのを機に、母方の実家である豊臣家ゆかりの名刹・専念寺(同区喜連)に身を寄せ、僧侶を志す。中学から厳しい修行を積む一方、飲食店でのアルバイトを通じて「人間」と「世間」を体当たりで学び、23歳で住職を拝命。仏教の素晴らしい教えをわかりやすく伝える「心を楽にする言葉」と、ライフワークである地域ネコの保護活動の写真を組み合わせたＳＮＳの投稿で、幅広い人気を集めている。

近著に『大阪 専念寺 ネコ坊主の掲示板 人の悩みのほとんどは「人」 今日のことば101』(主婦と生活社)。

本書は書き下ろしです。

［写真］
今田仁義
［御朱印コラボ企画提案］
梓結実（アズサ クリエーション）
［ぬり絵イラスト］
檜田泰司（同）
［猫のシルエット］
さつきここのか堂
［ブックデザイン］
寒水久美子
［構成・編集］
湯口真希（双葉社）

ネコさんの「心《こころ》にしみる」
おひとりさま名言《めいげん》

2024年5月25日　第一刷発行

著　　者　藪本正啓《やぶもとしょうけい》
発 行 者　島野浩二
発 行 所　株式会社　双葉社
〒162-8540 東京都新宿区東五軒町3-28
［電話］03-5261-4818（営業）
03-6388-9819（編集）
http://www.futabasha.co.jp/
（双葉社の書籍・コミック・ムックが買えます）
印 刷 所　中央精版印刷株式会社
製 本 所　中央精版印刷株式会社

©Shoukei Yabumoto 2024
ISBN 978-4-575-31877-7　C0076

落丁・乱丁の場合は送料小社負担にてお取替えいたします。「製作部」宛にお送りください。

ただし、古書店で購入したものについてはお取替え出来ません。

[電話]03-5261-4822（製作部）

定価はカバーに表示してあります。

本書のコピー、スキャン、デジタル化等の無断複製・転載は著作権法上での例外を除き禁じられています。本書を代行業者等の第三者に依頼してスキャンやデジタル化することは、たとえ個人や家庭内での利用でも著作権法違反です。